新媒体电商

内容制作常用工具

（微视频版）

文杰书院◎编著

清华大学出版社

北京

内 容 简 介

本书以通俗易懂的语言、精挑细选的实用技巧、翔实生动的案例分析，图文并茂地介绍了新媒体电商内容制作常用工具的操作方法和使用技巧，主要包括新媒体技术应用概述、快捷高效的图片处理工具、简单好用的图文排版工具、炫酷短视频的剪辑与制作、音频制作与特效处理、微场景设计与辅助运营等内容。

本书既适合新媒体运营行业的从业人员，也适合对新媒体感兴趣准备从事新媒体创业和应用的行业人士，同时还可以作为高等院校和社会培训班的教材与辅导用书。

图书在版编目 (CIP) 数据

新媒体电商内容制作常用工具：微视频版/文杰书院编著. —北京：清华大学出版社，2023.7
ISBN 978-7-302-63851-3

Ⅰ.①新… Ⅱ.①文… Ⅲ.①电子商务—运营管理 Ⅳ.①F713.365.1

中国国家版本馆CIP数据核字(2023)第107704号

责任编辑：魏 莹
封面设计：李 坤
责任校对：李玉茹
责任印制：沈 露
出版发行：清华大学出版社
    网　　址：http://www.tup.com.cn, http://www.wqbook.com
    地　　址：北京清华大学学研大厦A座　　　邮　　编：100084
    社 总 机：010-83470000　　　　　　　　邮　　购：010-62786544
    投稿与读者服务：010-62776969, c-service@tup.tsinghua.edu.cn
    质量反馈：010-62772015, zhiliang@tup.tsinghua.edu.cn
印 装 者：三河市君旺印务有限公司
经　 销：全国新华书店
开　 本：187mm×250mm　　印　张：13.25　　字　数：289千字
版　 次：2023年7月第1版　　　　　　印　次：2023年7月第1次印刷
定　 价：69.00元

产品编号：099024-01

随着移动互联网的发展，企业的营销推广阵地除了传统的电视、广播、杂志、报纸等平台，还增加了新媒体平台。在新媒体迅速发展的当下，各大行业的参与者也开始采用新的营销手段来提升自身的影响力，新媒体由此成为新时代重要的信息传播渠道。为了帮助初学者快速地掌握有关新媒体电商内容制作常用工具的知识和技能，我们编写了本书。

一、阅读本书能学到什么

本书在编写过程中根据初学者的学习规律，采用由浅入深、由易到难的方式进行讲解，为读者快速学习提供了一个全新的学习和实践操作平台。无论从基础知识的安排还是实践应用能力的训练，都充分考虑了读者的需求，以期让读者快速达到理论知识与应用能力的同步提高。本书结构清晰，案例丰富，主要包括以下四大方面的内容。

1. 了解新媒体技术应用

本书第 1 章，介绍了新媒体技术应用方面的基础知识，包括常见的新媒体平台、新媒体内容制作工具等方面的知识及相关运营与推广技巧。

2. 图片处理与图文排版工具

本书第 2 章～第 3 章，介绍了图片处理工具与图文排版工具的相关知识，包括图片制作工具、在线图片处理工具、水印去除工具、趣味 GIF 动图制作工具、配色工具、图文编辑器、排版插件以及智能写作助手方面的知识及相关工具的使用方法。

3. 视频剪辑与音频处理

本书第 4 章～第 5 章，介绍了短视频剪辑与音频处理的相关方法，包括剪映、爱剪辑、格式工厂、讯飞配音、耳鼠变声器的相关知识及使用方法。

4. 微场景设计与辅助运营

本书第 6 章，介绍了微场景设计与辅助运营的相关知识，包括有专自媒体助手、新榜以及一些互动营销工具的相关知识及使用方法。

二、如何获取本书更多的学习资源

为帮助读者高效、快捷地学习本书的知识，我们不但为读者准备了与本书知识点有关的配套素材文件，而且还设计并制作了精品短视频教学课程，同时还为教师准备了PPT课件资源。购买本书的读者，可以通过以下途径获取相关的配套学习资源。

1. 从文杰书院官方网站直接下载

读者可以使用电脑网络浏览器访问文杰书院官方网站，获得更多视频教学课程、素材文件和免费学习资源。同时还可以通过关注本书专属服务网页试读本书电子图书，参与和本书有关的所有打折、赠送和免费学习活动。

2. 扫描读者服务文档

读者在学习本书的过程中，可以使用手机浏览器、QQ或者微信的"扫一扫"功能，扫描下方二维码，下载文件"读者服务.docx"，获得本书的配套PPT课件、素材文件。

读者服务

本书由文杰书院组织编写，参与本书编写工作的有李军、袁帅、文雪、李强、高桂华等。我们真切希望读者在阅读本书之后，可以开阔视野，增长实践操作技能，并从中学习和总结操作的经验与规律，达到灵活运用的目的。鉴于作者水平有限，书中纰漏和考虑不周之处在所难免，热忱欢迎读者予以批评、指正，以便我们日后能为您编写更好的图书。

编　者

目 录

第1章

新媒体技术应用概述

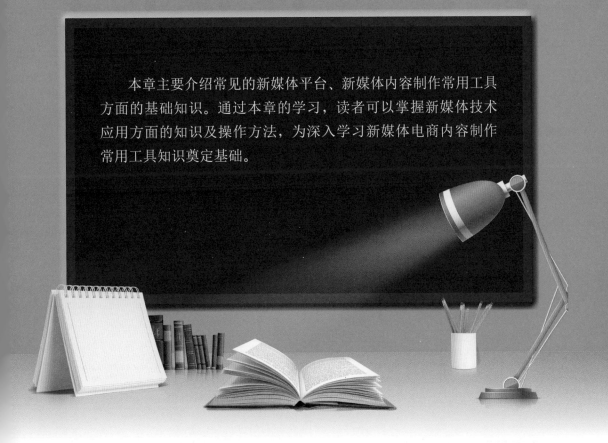

本章主要介绍常见的新媒体平台、新媒体内容制作常用工具方面的基础知识。通过本章的学习，读者可以掌握新媒体技术应用方面的知识及操作方法，为深入学习新媒体电商内容制作常用工具知识奠定基础。

1.1 常见的新媒体平台

智能手机的出现加速了新媒体平台的发展，"新媒体"一词也开始出现在人们的视野之中，如今人们通过各种新媒体（如微信、抖音等）社交应用软件与朋友进行沟通或获得更多资讯。本节将详细介绍一些常见的新媒体平台。

1.1.1 图文类——微信公众号

个人微信基本就是熟人之间相互联络的一个社交平台，可以相互发送图片、文字、视频、语音类消息；微信公众号也可以发送图片、文字、视频、语音之类的消息，但是公众号推送的内容会经过筛选，有一定的要求，推送的人群也不仅仅局限于熟人，更多的是和运营者完全没有过交流的粉丝。微信公众号就是运营者表达想法、分享知识并且将其传播给更多人的一个平台，在这里运营者可以写下想说的话，可以分享所有想分享的东西，然后喜欢的人会关注并与之互动。

微信公众号平台为用户提供了服务号、订阅号、企业微信（原企业号）和小程序四种公众号类型，如图 1-1 所示。

图 1-1

1. 服务号

微信公众号中的服务号能为企业和组织提供更强大的业务服务与用户管理能力，功能偏向于服务类交互（功能类似于 12315、114、银行，提供绑定信息、交互服务），适用人群为媒体、企业、政府或其他组织。

2. 订阅号

订阅号为媒体和个人提供一种新的信息传播方式，主要功能是在微信侧给用户传达资讯，功能类似于报纸杂志，提供新闻信息或娱乐趣事，适用人群为个人、媒体、企业、政府或其他组织。

3. 企业微信

企业微信是一个面向企业级市场的产品，是一款独立好用的基础办公沟通工具，拥有最基础和最实用的功能服务，是专门提供给企业使用的实时通信产品，适用于企业、政府、事业单位或其他组织。

如果想通过发送消息就达到宣传的效果，建议选择订阅号；如果想用公众号获得更多的功能，例如开通微信支付，建议选择服务号；如果想用来管理企业内部员工、团队，对内使用，建议申请企业微信。订阅号不支持变更为服务号，同样，服务号也不可变更为订阅号。各种类型公众号的功能权限如图 1-2 所示。

功能权限	普通订阅号	微信认证订阅号	普通服务号	微信认证服务号
消息直接显示在好友对话列表中			✓	✓
消息显示在"订阅号"文件夹中	✓	✓		
每天可以群发1条消息	✓	✓		
每个月可以群发4条消息			✓	✓
无限制群发				
保密消息禁止转发				
关注时验证身份				
基本的消息接收/运营接口	✓	✓	✓	✓
聊天界面底部设置自定义菜单	✓	✓	✓	✓
定制应用				
高级接口能力		部分支持		✓
微信支付-商户功能		部分支持		✓

图 1-2

4. 小程序

另外，微信公众号平台还提供了小程序，它是一种无须下载安装即可供用户使用的应用程序，可以在微信内便捷地获取和传播信息。

1.1.2 短视频类——抖音和快手

抖音和快手都是创意短视频社交软件，用户在抖音或快手上可以通过选择歌曲、拍摄短视频来完成自己的作品。这类平台通常都集成了镜头特效、剪辑等便捷功能。

相对于一般的短视频拍摄软件来说，抖音 App 犹如一股清流，让用户摒弃了传统的短视频拍摄方式，转而拍摄音乐短视频。对如今的年轻人来说，这一软件的出现，能让他们以不一样的方式来展示自我。此外，抖音 App 音乐中的节奏感十分明朗强烈，受到了追寻个性和自我的年轻人的追捧。图 1-3 所示为抖音 App 主界面。

以"记录生活，记录你"为口号的快手自 2012 年转型为短视频社区以来，着重于记录用户生活并进行分享。其后，随着智能手机的普及和流量成本的下降，这款手机应用软件也迎来了发展的春天。快手发展得如此迅速，与其 App 特性和热门综艺认证是分不开的。另外，快手区别于其他短视频平台的一个重要特征就是，其在功能的开发上并不着重于多，而是追求简单易用，并积极进行功能的提升。正是这一特征，使得用户喜欢使用快手来制作、发布和推广短视频。图 1-4 所示为快手 App 主界面。

图 1-3

图 1-4

1.1.3 音频类——喜马拉雅

喜马拉雅是国内领先的音频分享平台，拥有丰富的音频内容生态，汇集了有声小说、儿童故事、相声评书、京剧戏曲、新闻段子、广播电台等数亿条免费声音内容。经过多年的发展，该平台已经成为内容十分全面的音频分享平台，音频内容多种多样，涵盖历史、人文、科技等各方面的知识，如图 1-5 所示。

图 1-5

1.1.4　综合应用——今日头条

今日头条是一款基于数据挖掘的推荐引擎产品，为用户推荐信息、提供连接人与信息的服务。作为一个通用信息平台，今日头条目前有推荐引擎、搜索引擎、关注订阅和内容运营等多种分发方式，包括图文、视频、问答、微头条、专栏、小说、直播、音频、小程序等多种内容形式，涵盖财经、科技、娱乐、体育、教育等 100 多个领域，如图 1-6 所示。

图 1-6

1.2 新媒体内容处理的常用工具

在制作新媒体内容时，通常要对图片、二维码、视频和音频等进行处理，因此，用户需要掌握不同的新媒体内容处理工具，以快速制作出优秀的作品。

1.2.1 图片处理工具

要想提高新媒体文章的点击率，增加平台的关注度与曝光率，新媒体内容设计者提供的信息就必须让用户有眼前一亮的感觉。而要做到这一点，除了图片的选择与设计外，图片处理工具也尤为重要。下面介绍三种常用的图片处理工具。

1. 创客贴

创客贴是一款简单好用的平面设计作图工具，它是一种在线图片编辑器，提供了丰富的设计模板，用户只需要简单修改文字、替换图片就能轻松制作出美图和视频。创客贴的模板中心包含推文配图、朋友圈封面、头像、壁纸、海报和视频等各类新媒体模板，如图1-7所示。

图1-7

2. 稿定设计

稿定设计是一个多场景商业视觉设计平台，它打破了工具和技术的限制，用户可以基于丰富的商用模板素材，根据不同场景、不同尺寸，设计与制作新媒体图片。在稿定设计软件中，不仅可以设计与制作图片，还可以进行图片编辑、视频剪辑、线上营销推广设计、制作动画和GIF及在线拼图等操作，如图1-8所示。

图 1-8

3. SOOGIF

SOOGIF 是一款便捷的在线动图编辑与制作工具，用户可以自己动手制作动态表情。SOOGIF 拥有强大的 GIF 搜索引擎，不仅提供了国内外各种动图素材，还提供了多图合成 GIF、视频转 GIF、GIF 拼图、GIF 编辑、GIF 裁剪和 GIF 压缩等动图工具，如图 1-9 所示。

图 1-9

1.2.2　生成二维码工具

二维码是新媒体时代不可缺少的营销工具，其使用已经不仅局限于微信，越来越多的平台开始使用二维码作为互联的渠道。但是，传统单一的黑白方块二维码往往不够美观，且缺乏个性。下面介绍两个具有二维码生成和美化功能的平台。

1．草料二维码

通过草料二维码这个网站，可以将链接、文字、图片和文件都生成二维码。其操作方法非常简单，输入相应的内容后，单击【生成二维码】按钮，就可以在右侧生成一张二维码图，如图1-10所示。

图1-10

单击生成的二维码下方的【上传LOGO】按钮，就可以上传电脑中的LOGO图片，将其用于二维码中，也可以单击【样式美化】按钮，对生成的二维码进行美化，如图1-11所示。

草料二维码同时支持生成活码。活码理论上是一个网址，网址里面的内容随时会变化，可以放置图片、视频、音频等多媒体内容。活码不会随着内容的变化而变化。相比较而言，活码的内容具有更大的可扩展性和更强的灵活性。

2．第九工场

第九工场在二维码美化方面更为出色，它支持对上传的普通二维码进行美化，以及将普通链接生成美化二维码，其网站首页如图1-12所示。

图 1-11

图 1-12

同时，第九工场支持美化二维码付费定制服务，有需求的用户可以到其官方网站体验。使用该平台美化后的二维码效果如图 1-13 所示。

图 1-13

1.2.3　图文排版工具

文字和图片是新媒体视觉内容的重要组成部分。运营新媒体，会做漂亮的文章排版是运营人员的必备技能。想要排出一篇精美的文章，很多人会借助第三方编辑器。目前，在线排版工具众多，并有很多可以使用的精美模板素材，有些工具还有一键制作公众号文章的功能。下面介绍三种常用的图文排版工具。

1. 135 编辑器

135 编辑器是一款提供微信公众号文章排版和内容编辑的在线工具，样式丰富，支持秒刷、收藏样式和颜色、图片素材编辑、一键排版等功能，可轻松编辑微信公众号图文。现在大部分运营者比较喜欢使用这款编辑器，其导航栏分布很清晰，用户可以轻松找到自己想要的样式，最重要的是里面的功能特别多，如一键排版、SVG 编辑器等。135 编辑器主界面如图 1-14 所示。

2. 秀米编辑器

秀米编辑器是一款专用于新媒体的文章编辑工具。秀米编辑器最新版有很多原创模板素材，排版风格多样化且充满个性。在秀米编辑器中，用户可以设计出专属于自己的文章排版风格。秀米编辑器页面模板及组件丰富多样，样式比较简单，如果文章排版偏简约风，可以尝试使用它。秀米编辑器主界面如图 1-15 所示。

图 1-14

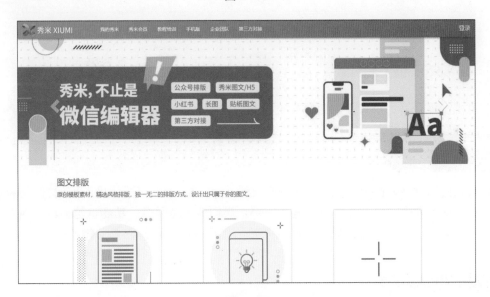

图 1-15

3. i 排版微信编辑器

　　i 排版微信编辑器是一款排版效率高、界面简洁、样式采用原创设计的微信排版工具，支持全文编辑、实时预览、一键样式、一键添加签名。只需短短三分钟，它就能排好一篇优秀的微信图文。i 排版微信编辑器样式很多，时尚漂亮的风格特别适合年轻人的品位，它还可以将文章一键生成长图，添加签名，并且能够找到好看的图片素材，设计公众号的封面图和海报。i 排版微信编辑器的主界面如图 1-16 所示。

图 1-16

1.2.4 短视频剪辑工具

在短视频平台（如抖音、快手等）上发布短视频之前，需要对拍摄的视频进行剪辑与后期处理。下面介绍几种常用的视频剪辑处理工具。

1. 剪映

剪映是由抖音官方推出的一款手机视频剪辑App，可用于手机短视频的剪辑、制作和发布。随着剪映的更新升级，它的剪辑功能逐步完善，操作越来越简捷，功能也越来越全面。

打开剪映软件后，点击主界面中的【开始创作】按钮，选择需要剪辑的素材，便可进入视频编辑界面，如图 1-17 所示。

2. 小影

与剪映一样，小影也是一款手机短视频剪辑类 App，该软件功能强大，容易上手，可以添加各种滤镜、配乐、框架、字幕等，为视频添加各种光影特效、转场效果，以及进行视角的转变，非常适合喜欢拍照、录像的用户。该软件有工具箱、剪辑和热门模板三大模块，如图 1-18 所示。

3. 爱剪辑

爱剪辑是一款专业且实用的视频剪辑制作工具，需要在计算机上下载软件后再使用。它不仅可以轻松剪辑制作视频，支持海量影像效果的自由搭配，具有丰富的文字编辑方式，而且提供了丰富的图片、MV滤镜效果、动画效果等供用户选择使用。此外，在爱剪辑中还支持给视频加字幕、调色、加相框等齐全的剪辑功能，且有诸多创新功能和影院级特效。图1-19所示为爱剪辑的工作界面。

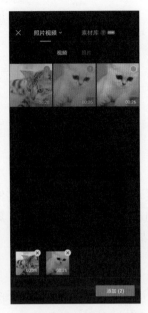

图1-17

图1-18

图 1-19

1.2.5 音频处理工具

除了音频类的新媒体内容需要对声音进行处理外，其他类型的新媒体内容为了进一步美化并丰富推送的内容，也需要在内容中加入声音，如抖音短视频的配音、微信公众号文章中的语音朗读等。下面介绍两种音频处理工具。

1. 讯飞配音

讯飞配音是一款将输入文字转成语音的语音合成配音手机 App，同时提供真人配音服务，其广泛应用于短视频配音、新闻播报、企事业宣传片配音、商场店铺广告促销配音、课件 PPT 配音、微信公众号配音、有声朗读、智能语音提示等多种场景，如图 1-20 所示。

图 1-20

2. 耳鼠变声器

耳鼠变声器是一款变声软件，利用它能够将用户的声音转换成男声、女声等，还可以将音速变快或变慢。图 1-21 所示为该应用软件的主界面，按住【按住录音】按钮进行配音后，会进入【调音台】界面，通过【音效】、【背景音】、【均衡器】等模块可进行变声处理，如图 1-22 所示。

图 1-21

图 1-22

1.2.6 辅助运营工具

前面介绍了图片处理、二维码生成、图文排版、视频剪辑和音频处理等工具，接下来介绍一些新媒体运营辅助工具。一个新媒体平台要想长期受到用户关注，仅有内容是远远不够的，只有配合切实有效的运营技巧才能提升其知名度。

1. 有专自媒体助手

有专自媒体助手是一款自媒体运营辅助软件，如图 1-23 所示，在浏览器中访问有专自媒体助手官方网站可以进行下载。有专自媒体助手拥有多账号操作、内容同步、风险检测、数据反馈等功能，针对不同的平台，设有不同的功能，随平台规则更新而更新，产品功能更智能化。此外，有专自媒体助手对数据严格保密，用户无须担心账号被泄露。

2. 新榜

新榜是一个用于发布新媒体平台运营数据和榜单的平台。通过新榜平台，用户能够了解新媒体平台的整体情况。图 1-24 所示为新榜的首页。通过新榜平台，运营者可以查询某公众号的排名情况，还可以查询统计周期内的其他数据，包括发布数据、总阅读数、头条阅读数、点赞数和当日排名数据等。

图 1-23

图 1-24

第2章

快捷高效的图片处理工具

　　新媒体美工主要是对信息传播的新兴媒体，如微信朋友圈、微信公众号、小程序、头条号和微博等界面中的图片进行美化和处理，让用户能够获得更加舒适的视觉体验，也能让信息更加快捷地传递给用户。本章主要介绍相关图片处理工具的使用方法。

2.1 简单的图片制作工具——美图秀秀

美图秀秀是当下比较流行的一款免费的图片处理软件，新手也能快速使用。美图秀秀拥有精选素材、独家特效、美容、拼图等功能，让运营者能随时随地记录、分享美图。本节将详细介绍美图秀秀的相关知识及使用方法。

2.1.1 调整亮度，丰富细节

亮度适中的照片通常能达到更好的欣赏效果，得到用户的好评；而亮度过高或过低都会给照片带来诸多的损害。使用美图秀秀可以轻松地调整亮度，从而让发布的照片细节更丰富、颜色更亮丽。下面详细介绍其操作方法。

操作步骤

Step 01 启动美图秀秀软件，切换到【美化图片】选项卡，然后单击【打开图片】按钮，如图 2-1 所示。

Step 02 弹出【打开图片】对话框，❶ 选择准备调节亮度的图片，❷ 单击【打开】按钮 打开(O)，如图 2-2 所示。

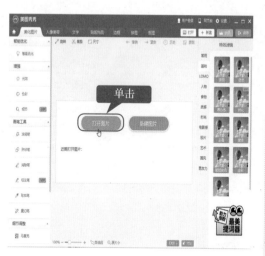

图 2-1

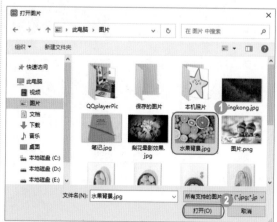

图 2-2

Step 03 可以看到选择的图片已被加载到美化界面中，单击左侧【增强】栏下的【光效】按钮，如图 2-3 所示。

Step 04 进入【光效】窗口，使用鼠标拖曳【亮度】滑块至合适的位置，可以看到此时的图片颜色更加亮丽，富有细节，然后单击对话框下方的【应用当前效果】按钮，即可完成调整亮度的操作，如图 2-4 所示。

图 2-3　　　　　　　　　　　　　　　　图 2-4

2.1.2　背景虚化，富有层次感

　　美图秀秀的背景虚化功能非常有特色，会使图片更有层次感，也会让用户眼前一亮，有一种耳目一新的感觉，能够更好地引起用户的注意。下面详细介绍其操作方法。

操作步骤

Step 01. 切换到【美化图片】选项卡，打开准备虚化的图片，然后单击界面左侧【细节调整】栏下的【背景虚化】按钮，如图 2-5 所示。

Step 02. 进入【背景虚化】对话框，❶ 设置画笔大小以及虚化力度，❷ 使用圆圈画出主体部分，❸ 单击下方的【应用当前效果】按钮，如图 2-6 所示。

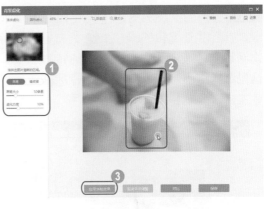

图 2-5　　　　　　　　　　　　　　　　图 2-6

Step 03 返回到【美化图片】选项卡，可以看到虚化后的照片效果，主体部分更加突出，单击右上角的【保存】按钮，如图 2-7 所示。

Step 04 弹出【保存】对话框，设置保存路径、文件名与格式、画质调整等选项，最后单击【保存】按钮，即可完成背景虚化的操作，如图 2-8 所示。

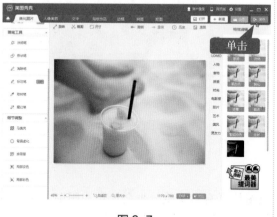

图 2-7

图 2-8

2.1.3 智能特效，更有特色

通过美图秀秀的智能特效功能，用户只需要单击鼠标就可以制作出专业的照片特效，使照片更有特色。下面详细介绍其操作方法。

········· 操 作 步 骤 ·········

Step 01 切换到美图秀秀的【美化图片】选项卡，打开准备编辑的图片，❶ 在右侧的【特效滤镜】区域中选择准备使用的特效选项，这里选择【质感】选项，❷ 选择准备应用的特效，如选择【味蕾之旅】，如图 2-9 所示。

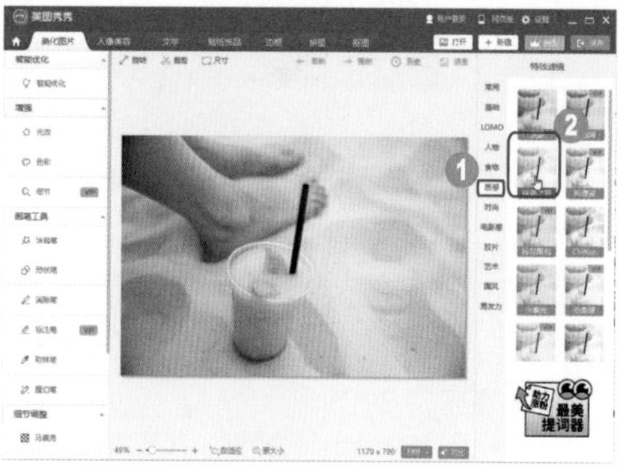

Step 02 此时在界面中就可以看到智能美化后的图片效果，并且会弹出一个【透明度】调节框，❶ 根据需要进行调节，❷ 单击【保存】按钮，即可完成智能特效的设置，如图 2-10 所示。

图 2-9

图 2-10

2.1.4　添加文字，进行说明

在美图秀秀中，用户可以根据需要为照片添加文字，从而对照片进行说明，同时也能起到修饰的作用。下面详细介绍其操作方法。

操作步骤

Step 01 进入美图秀秀主界面，❶选择【文字】选项卡，❷单击【打开图片】按钮，打开准备进行编辑的图片，如图2-11所示。

图2-11

Step 03 弹出【文字编辑】对话框，❶在文本框中输入准备添加的文字内容，❷在下方设置字体、样式、字号、颜色等，❸单击【确定】按钮，如图2-13所示。

图2-13

Step 02 打开图片后，单击左侧的【输入文字】按钮，如图2-12所示。

图2-12

Step 04 返回到【文字】选项卡，将文字移动到图片的空白处，并且选择【荧光】效果，这样即可完成添加文字的操作，如图2-14所示。

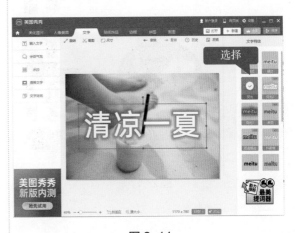

图2-14

2.1.5 制作边框，点缀图片

为了使图片更加精美，还可以使用美图秀秀为图片添加漂亮的边框作为装饰。下面详细介绍其操作方法。

操作步骤

Step 01 进入美图秀秀的主界面，选择【边框】选项卡，然后打开准备进行编辑的图片，如图 2-15 所示。

图 2-15

Step 02 打开图片后，用户可以在左侧选择准备制作的边框类型，如这里选择【简单边框】选项，如图 2-16 所示。

图 2-16

Step 03 在右侧的边框样式中，选择准备制作的边框样式，如图 2-17 所示。

图 2-17

Step 04 最后单击【应用当前效果】按钮。通过以上步骤即可完成制作边框的操作，效果如图 2-18 所示。

图 2-18

2.1.6 范例应用——快速制作拼图效果

拼图就是将不同的图片进行拼合排列。利用美图秀秀中的拼图功能，用户可以进行单色背景的拼图处理，也可以为其添加相应的背景，制作出多彩的拼图效果。本例详细介绍制作拼图效果的操作方法。

<< 扫码获取配套视频课程，本节视频课程播放时长约为 1 分 18 秒。

操 作 步 骤

Step 01 进入美图秀秀的【美化图片】选项卡，打开准备编辑的图片。选择【拼图】选项卡，如图 2-19 所示。

Step 02 进入【拼图】界面，在左侧的【拼图】栏下单击【自由拼图】按钮，如图 2-20 所示。

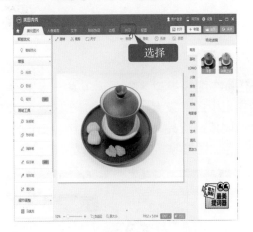

图 2-19

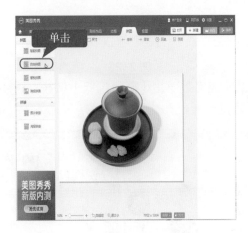

图 2-20

Step 03 打开【拼图】对话框，待编辑的图片已自动应用系统相应的背景，用户还可以单击右侧的背景样式更换拼图背景，如图 2-21 所示。

Step 04 在左侧的【图片设置】栏下单击【添加图片】按钮，如图 2-22 所示。

图 2-21

图 2-22

Step 05 弹出【打开多张图片】对话框，❶ 选择准备添加的多张图片，❷ 单击【打开】按钮 打开(O)，如图 2-23 所示。

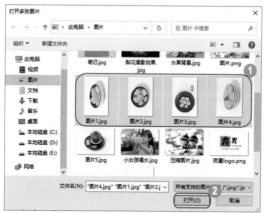

图 2-23

Step 07 还可以单击【随机排版】按钮，让图片随机排列，如图 2-25 所示。

图 2-25

Step 09 完成设置后单击【保存】按钮，如图 2-27 所示。

Step 06 此时打开了多张图片，拖曳图片到合适的位置，如图 2-24 所示。

图 2-24

Step 08 在图片编辑区中，选中某一张图片，会弹出【图片设置】对话框，在这里可以设置透明度、旋转角度、图片大小、描边、描边颜色、阴影等，如图 2-26 所示。

图 2-26

Step 10 弹出【保存】对话框，设置保存路径、文件名与格式、画质调整等，最后单击【保存】按钮，即可完成拼图效果的制作，如图 2-28 所示。

图 2-27

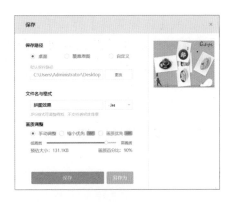

图 2-28

2.1.7　范例应用——将黑发变为金发

随心情变换发色对时下的年轻人来说再平常不过了，可是想选一个适合自己的发色须多番尝试。为了避免伤害头发，可以使用美图秀秀软件的染发功能快速选择适合自己的发色。本例详细介绍将黑发变为金发的操作方法。

<< 扫码获取配套视频课程，本节视频课程播放时长约为 49 秒。

配套素材路径：配套素材\第 2 章
素材文件名称：小女孩喝水.jpg

操 作 步 骤

Step 01. 启动美图秀秀应用软件，打开本例准备进行染发的图片"小女孩喝水.jpg"，❶ 选择【人像美容】选项卡，❷ 单击界面左侧【头部调整】栏下的【染发】按钮 🎨，如图 2-29 所示。

Step 02. 弹出【染发】对话框，❶ 选择【画笔】选项卡，❷ 调整【染发笔大小】和【透明度】的参数，❸ 选择染发颜色，❹ 在需要染发的部位进行涂抹，❺ 涂抹完成后单击【应用当前效果】按钮，如图 2-30 所示。

图 2-29

图 2-30

Step 03. 返回到【人像美容】界面中，可以看到已经将图片中小女孩的头发进行染发处理，单击【保存】按钮 ，即可完成染发的操作，如图 2-31 所示。

图 2-31

■ 经验之谈 ■

在【染发】对话框中，用户可以选择【橡皮擦】选项卡，设置完橡皮擦大小后，可以对多染出的地方进行涂抹擦除。

2.2 在线图片处理工具——创客贴

创客贴是一款在线图片处理工具，其操作简单且功能强大，常被用来处理各种图片。创客贴提供免费设计模板，有海报、名片、公众号图片、PPT、邀请函等 65 个场景模板，可以一键搞定设计印刷中要处理的图片。本节将详细介绍使用创客贴的相关操作方法。

2.2.1 使用创客贴进行简单抠图

相较于其他软件的抠图功能，创客贴的在线抠图功能在操作上更加简单。下面讲解使用创客贴进行抠图的方法。

······ 操作步骤 ······

Step 01. 进入创客贴官网首页后，单击【开始免费做图】按钮，即可进入【设计工具】登录界面，如图 2-32 所示。

图 2-32

Step 02 注册登录账号后，进入【设计工具】界面，在左侧的【工具箱】选项组中单击【一键抠图】按钮，如图 2-33 所示。

图 2-33

Step 03 进入【创客贴在线抠图神器】界面，单击【上传图片】按钮，如图 2-34 所示。

图 2-34

Step 04 弹出【打开】对话框，❶ 选择准备进行抠图的图片，❷ 单击【打开】按钮，如图 2-35 所示。

Step 05 进入抠图界面，左侧为原图区域，右侧为效果图区域。用户可以选择一种抠图模式，系统会自动进行处理，精准地进行内容识别，如图 2-36 所示。

Step 06 完成抠图后，用户还可以选择【背景】选项，选择一种颜色作为抠图后的背景，如图 2-37 所示。

图 2-35

图 2-36

图 2-37

Step 07 单击右上角【下载】的下拉按钮，在弹出的下拉列表中选择【下载到电脑】选项，即可完成使用创客贴抠图的操作，如图 2-38 所示。

图 2-38

2.2.2 创建、设计并添加内容

使用创客贴用户可以轻松地创建精彩的图片内容，也可以自定义自己想要的图片尺寸，还可以在图片中添加自己想要的素材并美化图片。

Step 01 在创客贴界面左侧单击【创建设计】按钮，进入【创建设计】界面，单击【自定义尺寸】按钮，创建自定义的场景，如图 2-39 所示。

图 2-39

Step 02 弹出【自定义尺寸】对话框，❶ 选择想要创建的尺寸，❷ 单击【创建设计】按钮，如图 2-40 所示。

图 2-40

Step 03 在打开的界面中，❶ 单击功能区中的【背景】按钮，❷ 在素材展示区中单击需要的背景，此时在效果展示区中会显示该背景，如图 2-41 所示。

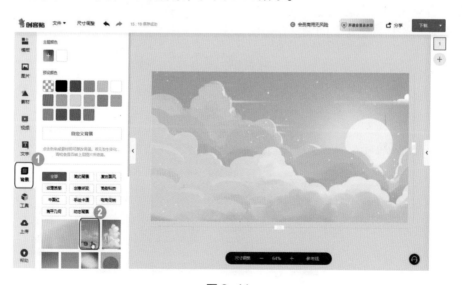

图 2-41

Step 04 单击功能区中的【素材】按钮，然后在素材展示区中依次单击【免抠素材】→【自然】按钮，进入相关素材页面，将需要的素材拖入效果展示区中，如图 2-42 所示。

Step 05 用户还可以设置图层、透明度、翻转、投影等选项。单击【图层】按钮，可以将图形对象所在的图层上移一层、下移一层、置顶或置底；单击【透明度】按钮，可以调整图形对象的透明度，将其设置为透明效果；单击【翻转】按钮，可以横向或纵向翻转图形对象；单击【投影】按钮，设置其扩展、距离、透明度、角度等参数的数值，可以为图形对象添加投影效果，如图 2-43 所示。

图 2-42

图 2-43

Step 06 单击【滤镜】按钮，即可打开滤镜库，在其中用户可以选择一种自己喜欢的滤镜效果，这样即可完成创建、设计并添加内容的操作，如图 2-44 所示。

图 2-44

2.2.3 范例应用——制作视频封面

 　　视频封面是对视频主要内容的概括，需要从丰富度、图像质量、精彩程度和对用户的吸引程度等多方面进行考虑，不仅要美观，还需要内容突出。本例介绍使用创客贴制作视频封面的具体操作方法。

　　<< 扫码获取配套视频课程，本节视频课程播放时长约为 2 分 4 秒。

 配套素材路径：配套素材\第2章
素材文件名称：人物.png

Step 01 进入创客贴的主界面，单击【创建设计】界面中的【自定义尺寸】按钮，创建一个尺寸为 1440 像素 ×900 像素的文档，如图 2-45 所示。

图 2-45

Step 02. ❶ 单击功能区中的【背景】按钮，❷ 在素材展示区中单击【主题颜色】下方的加号按钮，❸ 自定义设置一种颜色，在效果展示区中会显示该颜色，如图2-46所示。

图 2-46

Step 03. 单击功能区中的【素材】按钮，然后依次单击素材展示区中的【文字容器】→【对话框】按钮，显示【对话框】素材分类，如图2-47所示。

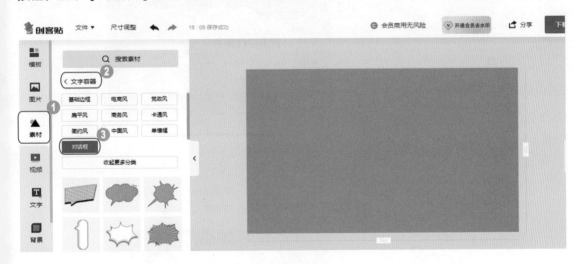

图 2-47

Step 04. 在【对话框】素材分类中选择需要的素材，将其拖入效果展示区中并稍微调整素材的位置，如图2-48所示。

Step 05. ❶ 单击功能区中的【文字】按钮，❷ 单击素材展示区中的【点击添加标题文字】按钮，❸ 在效果展示区顶部设置字体为【锐字真言体】，字号为72，如图2-49所示。

Step 06. ❶ 双击效果展示区的文字区域，修改文字内容为"如何选择商务笔记本电脑？"，❷ 单击顶部的【特效】按钮，❸ 选择第一个描边效果，如图2-50所示。

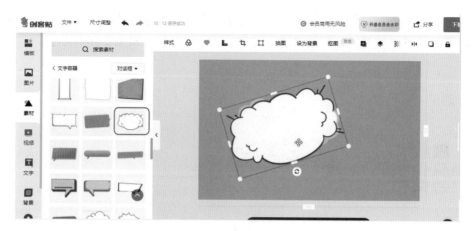

图 2-48

图 2-49

图 2-50

Step 07 单击功能区中的【素材】按钮，然后依次单击素材展示区中的【形状】→【字符】按钮，显示【字符】素材分类，选择合适的字符，将其拖曳到效果展示区中，并调整其位置和大小，如图 2-51 所示。

图 2-51

Step 08 ❶ 单击功能区中的【上传】按钮，❷ 单击素材展示区中的【上传素材】按钮，如图 2-52 所示。

图 2-52

Step 09 弹出【打开】对话框，❶ 选择本例的素材文件"人物.png"，❷ 单击【打开】按钮，如图 2-53 所示。

Step 10 将素材图片拖动到效果展示区中，并调整其位置和大小，如图 2-54 所示。

Step 11 单击功能区中的【素材】按钮，在素材展示区上方的【搜索】文本框中输入"商务"关键词进行搜索，接着选择准备使用的素材贴图，将其依次拖入到效果展示区中，并调整其位置和大小，即可完成视频封面的制作，如图 2-55 所示。

图 2-53

图 2-54

图 2-55

2.3 水印去除工具——Inpaint

　　Inpaint 是一款功能非常强大实用的图片去水印软件，可以将图片中不想要的部分删除，如多余的线、人物、文字等。选定图片区域后，Inpaint 软件会进行自动擦除操作，同时，Inpaint 软件会根据附近图片区域重建擦除的区域，使图片看起来完美无瑕，没有修复的痕迹。本节将详细介绍 Inpaint 软件的操作方法。

2.3.1 快速去水印

　　想要用图片素材剪辑视频，结果发现图片素材遍布各种水印，影响视频的展现效果，此时选中水印，使用 Inpaint 软件一键清除，就会展现一张干净整洁的图片。

操 作 步 骤

Step 01 启动 Inpaint 软件，在菜单栏中选择【文件】→【打开】菜单项，如图 2-56 所示。

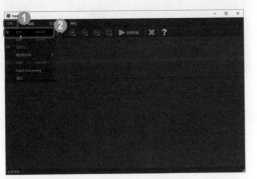

图 2-56

Step 02 打开图片素材后，单击左侧工具栏中的【移除区】按钮，如图 2-57 所示。

图 2-57

Step 03 ❶ 使用标记工具突出想要移除的水印区域，❷ 单击【处理图像】按钮 ▶处理图像，如图 2-58 所示。

图 2-58

Step 04 处理完成后，就可以看到图片的水印已经没有了。这样即可完成快速去水印的操作，如图 2-59 所示。

图 2-59

2.3.2 轻松删除照片中不需要的对象

Inpaint 软件中的魔术棒工具可以快速选择一个复杂形状的区域，将无关的元素删除。下面详细介绍删除照片中不需要的对象的操作方法。

Step 01 打开素材图片后，单击左侧工具栏中的【魔术棒】按钮，如图 2-60 所示。

Step 02 此时鼠标指针会变成十字形状，单击【移除区】按钮，在编辑区中通过单击选中需要删除的对象，Inpaint 软件会自动确定框选区域的边界，如图 2-61 所示。

图 2-60

图 2-61

Step 03 单击【处理图像】按钮 ▶ 处理图像 ，系统会弹出提示框，提示正在处理，用户需要在线等待一段时间，如图 2-62 所示。

Step 04 处理完成后，即可看到照片中不需要的对象已被删除，如图 2-63 所示。

图 2-62

图 2-63

魔术棒工具有一个【容差】设置选项，它用于确定目标颜色可以变化的范围。例如，32 的默认容差，意味着魔术棒工具所选颜色的所有像素和 32 以内的所有相邻像素；0 容差，意味着只会选择完全相同颜色的像素；255 容差，意味着整个图片（所有像素）将被选中。参数越高，颜色的选择范围就越宽。

2.3.3　快速擦除皮肤瑕疵

生活中，人们常常会因为熬夜而长痘痘、粉刺等。但是在微博、朋友圈、小红书、简历上总希望能够展现自己最完美的一面。那么，该如何隐藏自己脸上的瑕疵呢？下面详细介绍使用 Inpaint 软件快速擦除皮肤瑕疵的操作方法。

Step 01 打开准备擦除皮肤瑕疵的照片素材，此时的画面如图 2-64 所示。

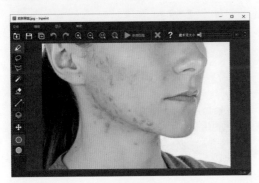

图 2-64

Step 02 使用标记工具或魔术棒工具选择粉刺、痘痘和其他皮肤瑕疵。注意调整标记的大小，以进行更精确的选择，如图 2-65 所示。

图 2-65

Step 03 单击【处理图像】按钮 ▶处理图像 ，系统会弹出提示框，提示正在处理，用户需要在线等待一段时间，如图 2-66 所示。

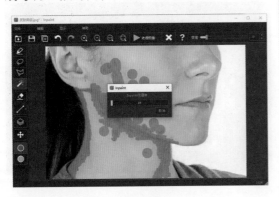

图 2-66

Step 04 处理完成后，发现照片中的皮肤瑕疵已被擦除，如图 2-67 所示。

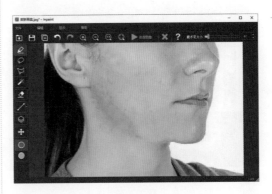

图 2-67

2.3.4 范例应用——从照片中删除陌生人

如果用户对旅游感兴趣，就经常会遇到这样的情况，在你按下快门的那一刻，想要拍一张没有人的照片，但自己拍摄的风景照片经常会遭到突然出现的陌生人破坏。本例详细介绍使用 Inpaint 软件从照片中删除陌生人的操作方法。

＜＜ 扫码获取配套视频课程，本节视频课程播放时长约为 46 秒。

配套素材路径：配套素材\第2章
素材文件名称：旅游.jpg

········· 操 作 步 骤 ·········

Step 01. 打开本例的照片素材"旅游.jpg"，此时的画面如图 2-68 所示。

图 2-68

Step 02. 使用魔术棒工具单击高亮对象，就像在它上面画画一样，这里不需要很高的精度，只需要简单地标出轮廓即可。如果需要移除的区域相当小，可以放大照片或将标记尺寸调小，如图 2-69 所示。

图 2-69

Step 03. 单击【处理图像】按钮，图片经过处理后，发现仍然有一些杂质在画面中。此时需要再次标出需要删除的轮廓，然后再次对照片进行处理，如图 2-70 所示。

图 2-70

Step 04. 处理完成后的效果如图 2-71 所示。这样即可完成从照片中删除陌生人的操作。

图 2-71

2.3.5　范例应用——修复旧照片

　　随着数码摄影越来越流行，许多人把他们之前的旧纸质照片转换成数码格式，存放到电脑中并进行查看。然而，旧照片并不总是完好无缺的，时间的侵蚀和不恰当的保管方式通常会让老照片上出现很多的折痕、斑点和裂纹。即使在电子照片上，这些问题也是屡见不鲜。本例详细介绍如何使用 Inpaint 软件解决这个问题。

<< 扫码获取配套视频课程，本节视频课程播放时长约为 42 秒。

 配套素材路径：配套素材\第2章
素材文件名称：老照片.jpg

------ 操 作 步 骤 ------

Step 01. 打开本例需要修复的照片素材"老照片.jpg"，此时的画面如图 2-72 所示。

Step 02. 使用魔术棒工具或其他选择工具选择照片上有明显缺陷的区域并进行处理，如图 2-73 所示。

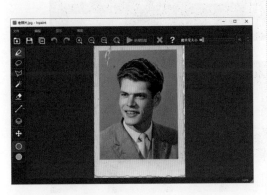

图 2-72

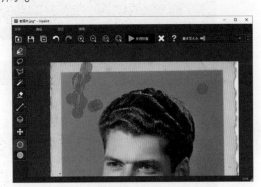

图 2-73

Step 03. 选择照片边框上的瑕疵进行处理，如图 2-74 所示。

Step 04. 通过以上步骤即可完成修复旧照片的操作，修复的效果如图 2-75 所示。

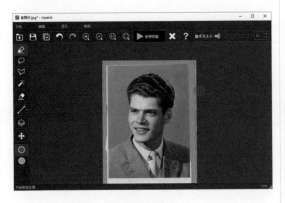

图 2-74

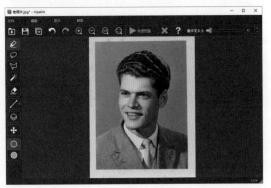

图 2-75

2.4 趣味 GIF 动图制作工具——SOOGIF

SOOGIF 是一款可以在线制作并截取视频的高效工具，可以满足各类动图制作需求。它支持各种视频格式，如 MP4、OGG、MOV 等，还支持各种图片格式，可以满足不同制作者的使用需求。本节将详细介绍使用 SOOGIF 的相关知识及操作方法。

2.4.1 多图合成 GIF 动图

打开 SOOGIF 官网，进入其主页面，用户可以通过主页面中的搜索栏搜索自己需要的 GIF 动图。如果需要手动制作动图，可以执行下面介绍的操作方法。

······ 操作步骤 ······

Step 01 单击搜索栏右侧的【制作动图 .GIF】按钮，如图 2-76 所示。

图 2-76

Step 02 在 SOOGIF 中使用任何一款工具之前，都需要先登录账号，单击主页右上角的【登录】按钮，选择通过微信账号登录或手机号登录。进入【多图合成 GIF】界面，用户可以在上方的文本框中输入需要添加的图片的网络地址来使用网络上的素材图片，也可以直接将下载好的素材图片拖动到上传区域，或单击【上传图片】按钮，上传本地素材图片，如图 2-77 所示。

Step 03 上传多张素材图片后，会出现如图 2-78 所示的界面，左侧为动图效果展示区，右侧为编辑区域。编辑区域有【图片调整】、【形状背景】、【文字动效】、【贴纸水印】等选项卡。在【图片调整】编辑区域可以调整图片的数量、顺序，还可以调整图片切换的速度。

Step 04 在【文字动效】编辑区域可以为动图添加文字，单击【添加文字】按钮，然后双击【双击编辑文字】文本框，输入文字，设置文字的大小、字体等参数，如图 2-79 所示。

图 2-77

图 2-78

图 2-79

Step 05 在【贴纸水印】编辑区域用户可以为动图自定义添加贴纸，单击【点击上传图片】按钮，自定义添加电脑中的图片，最后单击【生成 GIF 或视频】按钮，即可完成多图合成 GIF 动图的操作，如图 2-80 所示。

图 2-80

2.4.2 视频转 GIF 动图

GIF 动图作为互联网时代应用十分广泛的图片格式，小到日常聊天，大到新闻资讯，都会使用到。使用 SOOGIF 不仅可以制作 GIF 动图，还可以将视频转换成 GIF 动图。下面详细介绍其操作方法。

Step 01 单击左侧的【视频转 GIF】按钮，在弹出界面上方的文本框中输入需要添加的视频网络地址，以使用网络上的视频；也可以直接将视频拖动到上传区域，或单击【上传视频】按钮，选择视频并上传，如图 2-81 所示。

图 2-81

Step 02. 上传视频后，会出现如图 2-82 所示的界面，在界面下方可以设置 GIF 动图的开始时间和持续时间，还可以选择画质、尺寸和流畅度等。设置完成后，单击【生成 GIF】按钮，即可将视频转换成 GIF 动图。

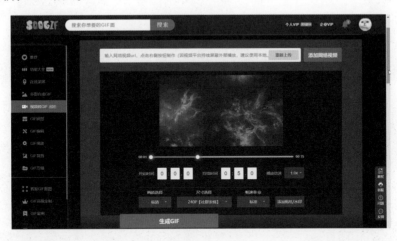

图 2-82

2.4.3　GIF 拼图

　　SOOGIF 拼图工具可以将多张图片（支持 gif、jpg、png 等格式）拼在一起，也可以将静态和动态图片拼贴在同一张图片上，通过应用不同的模板制作出好看、有趣、独特的 GIF 动图，以满足自媒体、设计师、电商等的各类动图制作需求。

Step 01. 单击左侧的【GIF 拼图】按钮，在弹出界面的上方有一些参考模板，将准备好的 GIF 动图直接拖动到下方的上传区域或单击【上传图片】按钮，都可以成功地上传动图，如图 2-83 所示。

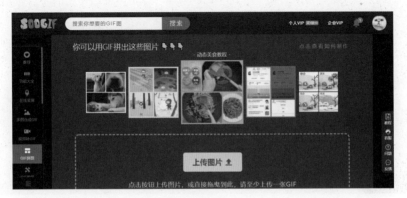

图 2-83

Step 02 上传动图后，会进入拼图界面，在该界面中可以设置拼图样式、边框形状、边框颜色和边框粗细等，最后单击【生成 GIF】按钮，即可完成 GIF 拼图的操作，如图 2-84 所示。

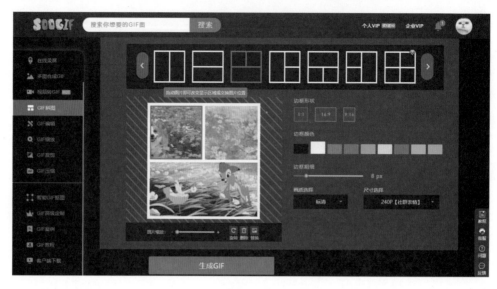

图 2-84

2.4.4 GIF 编辑

SOOGIF 动图编辑工具可以在线编辑和处理 GIF 动图，下面详细介绍其操作方法。

Step 01 单击左侧的【GIF 编辑】按钮，在弹出的界面中单击【上传图片】按钮，选择动图素材即可进行编辑操作，如图 2-85 所示。

图 2-85

Step 02 上传动图素材后，该界面的功能与【多图合成GIF】界面的功能基本相同，只是增加了【GIF滤镜】编辑功能，如图2-86所示。

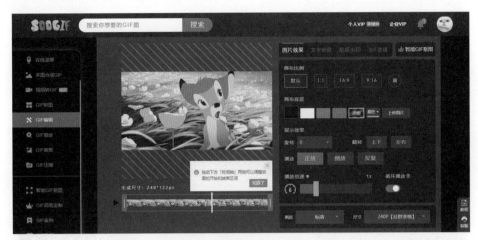

图2-86

Step 03 此外，【多图合成GIF】界面中的【贴纸水印】功能没有自带的贴纸可以使用，只能通过上传图片自定义设置贴纸；但在【GIF编辑】界面的【贴纸水印】功能中，可以使用自带的贴纸，编辑完成后，单击【生成GIF或视频】按钮，即可完成GIF编辑的操作，如图2-87所示。

图2-87

2.4.5　GIF 裁剪与 GIF 压缩

SOOGIF裁剪工具可以在线快速裁剪GIF动图的尺寸，导出指定大小的图片。SOOGIF

压缩工具可以快速将 GIF 动图压缩至指定大小，支持批量压缩，可以直接导出为公众号素材、微信表情等可用大小，还支持一键打包下载，最大支持至 30MB 图片压缩。

操作步骤

Step 01. 进入【GIF 裁剪】界面，可以手动对动图进行裁剪，也可以在【裁剪尺寸】右侧的文本框中输入固定的尺寸进行裁剪，如图 2-88 所示。

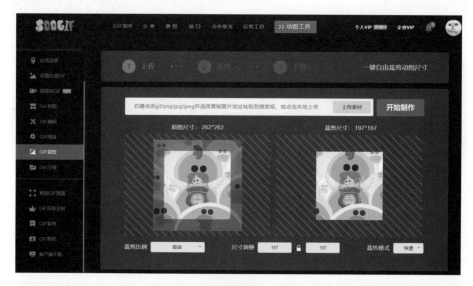

图 2-88

Step 02. 进入【GIF 压缩】界面，可以选择压缩大小来压缩动图，如图 2-89 所示。

图 2-89

2.4.6　范例应用——制作动态聊天图片

 动态聊天图片具有直观、生动、形象、简洁等与普通语言表达不同的独特情感表达方式，表现力更强，对广大网民更具有吸引力，为社交生活增添了乐趣。本例介绍使用 SOOGIF 制作动态聊天图片的具体操作方法。

≪ 扫码获取配套视频课程，本节视频课程播放时长约为 1 分 47 秒。

 配套素材路径：配套素材\第2章
素材文件名称：探索宇宙.mp4

操 作 步 骤

Step 01. 进入 SOOGIF 的【视频转 GIF】界面，单击【上传视频】按钮，如图 2-90 所示。上传本例的素材"探索宇宙.mp4"。

图 2-90

Step 02. 上传成功后，设置相关的参数，单击【生成 GIF】按钮，即可生成 GIF 动图，如图 2-91 所示。

Step 03. 执行上述操作后稍等片刻，待视频成功转换为 GIF 动图后，单击【立即下载】按钮，将生成的 GIF 动图下载到文件夹中，如图 2-92 所示。

Step 04. 制作好 GIF 动图后，切换到【GIF 编辑】界面，单击【上传图片】按钮，如图 2-93 所示。

Step 05. 打开动图后，在【图片效果】选项卡的【播放】区域中单击【倒放】按钮，倒放动图内容，如图 2-94 所示。

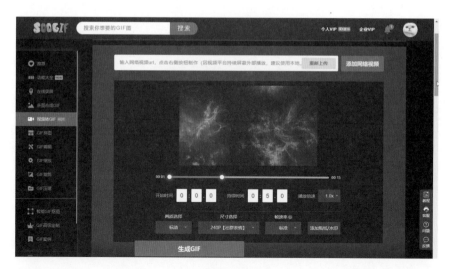

图 2-91

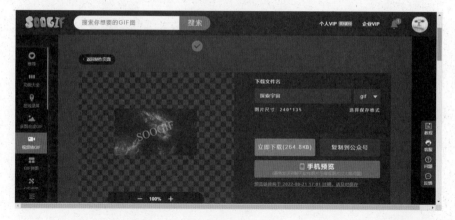

图 2-92

图 2-93

图 2-94

Step 06 切换到【文字动效】选项卡，单击【添加文字】按钮，双击【双击编辑文字】文本框并输入文字"浩瀚宇宙"，将文字移动到画面的右上角，并设置文字大小、字体等参数，如图 2-95 所示。

图 2-95

Step 07 单击【颜色】按钮，设置文字颜色为白色，如图 2-96 所示。

Step 08 设置完成后，在效果图下方向左拖动文本轴的结尾部分，调整文字的显示时间，如图 2-97 所示。

Step 09 使用同样的方法添加其他文字，并拖动文本轴调整文字显示的时间，如图 2-98 所示。

图 2-96

图 2-97

图 2-98

Step 10 切换到【贴纸水印】选项卡，选择合适的贴纸，调整其大小和位置，然后调整其显示的时间，如图 2-99 所示。

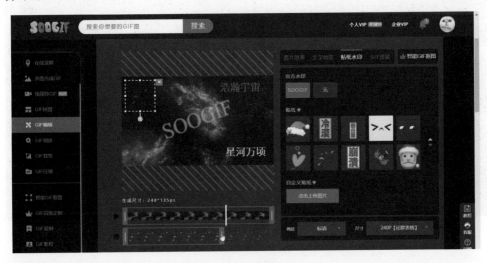

图 2-99

Step 11 在【贴纸】列表中继续选择一个贴纸，调整其大小和位置，再调整其显示时间，如图 2-100 所示。

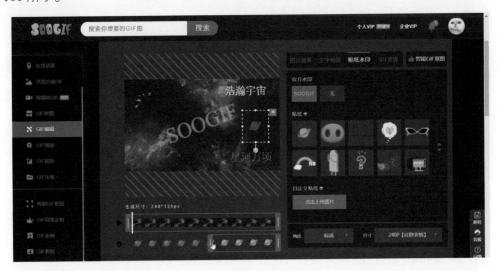

图 2-100

Step 12 动图制作完成后，单击页面下方的【生成 GIF 或视频】按钮，即可完成动态聊天图片的制作，如图 2-101 所示。

图 2-101

2.5 配色工具

经常做设计的新媒体电商们想必都会有为配色而苦恼的时候，好的配色可以让产品美观出众，加强视觉效果，记忆深刻，传达品牌形象。本节将详细介绍一些配色工具常用网站，不用下载任何应用程序，打开即用，不仅能快速地制作出符合设计理念的颜色组合，且有很多样品供用户选用。

2.5.1 中国色

中国色（CHINESE COLORS）的网址为 http://zhongguose.com。顾名思义，这里收录的都是中国的传统颜色。每一种颜色都有一个好听的名字，例如暗玉紫、葡萄酱紫、香叶红、合欢红、唐菖蒲红、飞燕草蓝、蝶翅蓝、月影白、香水玫瑰黄等。

图 2-102 所示为中国色的打开界面，用户只需轻轻单击左边的颜色名称，整个背景就会变成所选的颜色，可以很方便地预览效果，中间还会给出色码（CMYK 和 RGB 值），将鼠标指针移到相应的色码处，就会出现色号，可以直接复制。

2.5.2 Kuler

Kuler 是 Adobe 公司推出的一款免费在线配色工具，网址为 kuler.adobe.com。用户可以通过色轮或者浏览其他用户创建的配色方案，来创建自己喜欢的配色。该网站功能强大，用户可以自由创建适用于各种场景的配色方案，如图 2-103 所示。

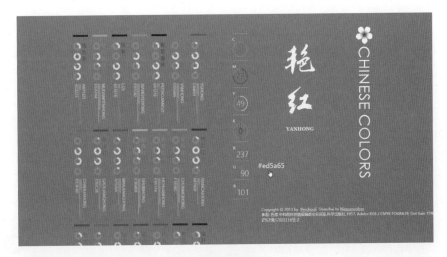

图 2-102

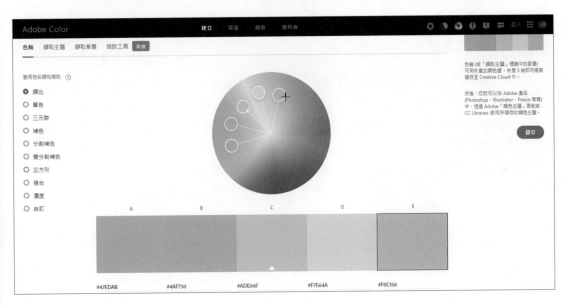

图 2-103

2.5.3 Free Mesh Gradient Collection

Free Mesh Gradient Collection 配色工具主要提供潮流渐变色，网址为 https://products. ls.graphics/mesh-gradients。很多新媒体运营者在看过优秀的潮流配色及渐变色排版后，自己也想使用渐变背景，结果色彩一多，就驾驭不了了，此时就可以试一下这个网站。Free Mesh Gradient Collection 提供了 100 多个免费的渐变色合集，都非常精美。用户只需向下滑动找到喜欢的潮流渐变色，直接下载使用即可，十分方便，如图 2-104 所示。

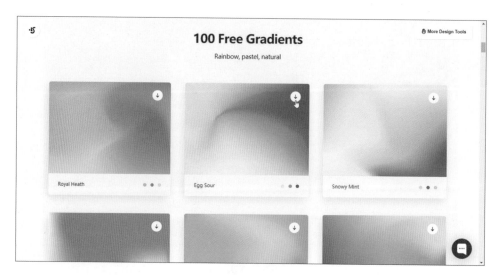

图 2-104

2.5.4　Color Claim

　　Color Claim 是由一位设计大师自建的配色网站，作者从 2012 年开始觅集一些他觉得不错的配色方案并放到网站上，用户可以直接拿来取用，网址为 http://www.vanschneider.com/colors。打开网站后，往下拉就能看到各配色，一般采用一个主色加一个辅助色的简单形式，展现了出众的色感。

　　Color Claim 的使用方法也很简单，直接存储图片后取色使用即可。颜色一般不超过三种，目前一共有 120 款，每款都有其鲜明的风格特色，用户可以从中找到适合自己的配色风格，如图 2-105 和图 2-106 所示。

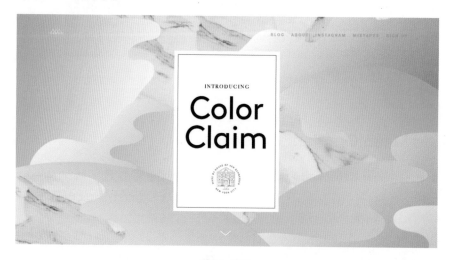

图 2-105

图 2-106

2.5.5　Colordot

  Colordot 是一款非常特别的配色工具，网址为 https://color.hailpixel.com。它不提供任何色彩，而是给你一个空白页面，用户只要在上面移动鼠标就会自动调整及切换颜色，单击鼠标后就会固定颜色并显示色码。不用下载安装软件，直接从浏览器中就能操作，如图 2-107 所示。假如你正好想挑选配色，但又没有任何想法的话，或许使用 Colordot 移动一下鼠标，就可以有一些让你觉得不错的颜色出现。

图 2-107

第3章

简单好用的图文排版工具

排版设计是文章的门面，也是读者的阅读环境，好的排版能让读者更愿意阅读文章内容，获得更好的阅读体验，提高文章的浏览率，从而让他们成为忠实粉丝。本章主要介绍新媒体图文排版工具的相关知识及使用方法。

3.1 | 简洁高效的排版工具——135 编辑器

135 编辑器是一款简单易用的在线图文排版工具，平台提供了丰富精美的样式和模板，主要用于简单的长图文编辑，一般用于制作微信公众号文章。本节将详细介绍使用 135 编辑器的相关知识及使用方法。

3.1.1 插入标题

进入 135 编辑器首页后，在【新建一个图文】板块中，单击【立即创建】按钮，可以快速切换到编辑界面。在素材区中选择【样式】选项后，单击【标题】按钮，可以打开其列表框，列表框中包括【基础标题】、【编号标题】、【框线标题】等不同类型的标题样式，如图 3-1 所示。

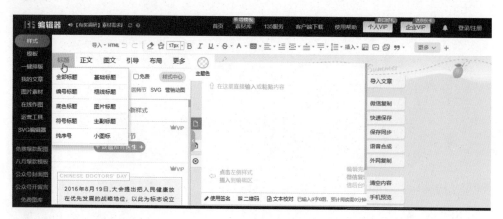

图 3-1

在素材区中单击需要的标题样式，该样式便会显示在编辑区中，如图 3-2 所示。

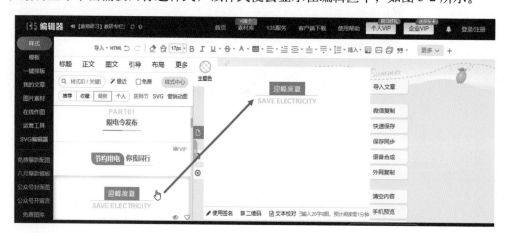

图 3-2

　　如果想要修改样式，可以先在编辑区中输入文字内容并选中，然后单击素材区中的样式，如图 3-3 所示，也可以修改样式中的文字内容。

图 3-3

　　单击编辑区中的标题样式，弹出全局样式面板，在该面板中可以调整样式的背景、边框和文字的颜色等，如图 3-4 所示。

图 3-4

　　单击全局样式面板左上角的圆形颜色块，就可以修改样式中对应的颜色，如图 3-5 所示。

　　除了可以修改样式的颜色外，面板中还有复制、剪切、删除等功能，单击面板中的 按钮，可以展开更多的功能选项。另外，拖动【宽度比】右侧的滑块，可以更改标题样式的宽度；拖动【转角度】右侧的滑块，可以旋转标题样式；拖动【透明度】右侧的滑块，可以调整标题样式的透明度，如图 3-6 所示。

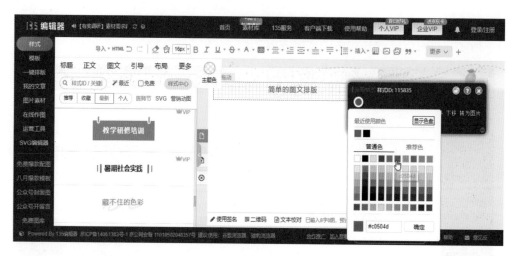

图 3-5

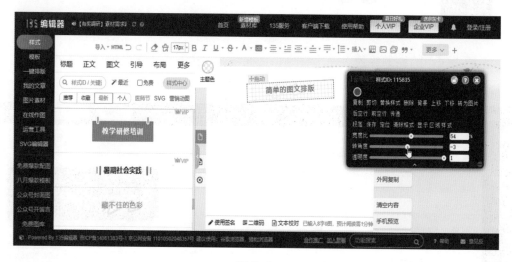

图 3-6

3.1.2 编辑正文内容

在素材区中选择【样式】选项后，单击【正文】按钮，可以打开其列表框，列表框中包括【基础正文】、【引用】、【段落文字】、【边框内容】、【底色内容】等不同类型的正文样式，如图 3-7 所示。

与应用【标题】样式的方法相同，在素材区中直接单击需要的正文样式，该样式便会在编辑区中显示，如图 3-8 所示。

想要替换正文样式的文字内容，在编辑区中删除正文的文字，再输入需要的文字内容即可，如图 3-9 所示。

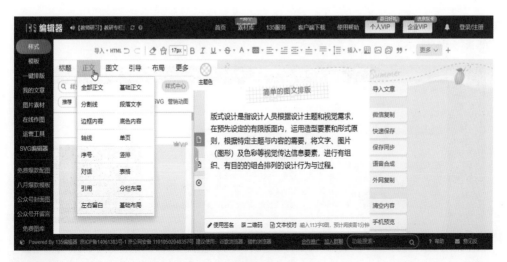

图 3-7

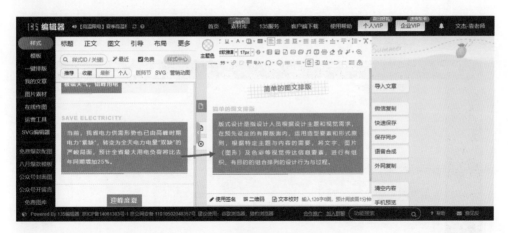

图 3-8

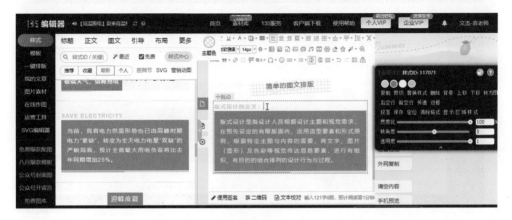

图 3-9

输入文字内容后，单击编辑区底部的【文本校对】按钮，可以筛查文章内的错别字和敏感词，如图 3-10 所示。

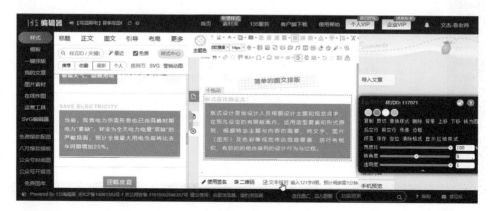

图 3-10

在素材区中单击红色的错别字区域，会出现白色框并显示相应的"错词""正词"信息，单击白色框底部的【更正无错】按钮后，如图 3-11 所示，编辑区会自动更正错别字。

图 3-11

3.1.3 插入引导

微信公众号文章中的引导可以分为"顶部关注"和"底部引导"，下面分别进行介绍。

1. 顶部关注

为了避免造成过于生硬的阅读体验，排版时一般会在文章顶端增加引导关注的图片或文字，提醒未关注微信公众号的读者关注微信公众号后再继续阅读。

在素材区中选择【样式】选项后，单击【引导】按钮，可以打开引导样式列表框，列表框中有【基础引导】、【引导关注】、【引导阅读原文】等不同类型的引导样式供用户选择。在列表框中选择【引导关注】选项，单击需要的样式，即可将样式应用在编辑区的文章中，如图 3-12 所示。

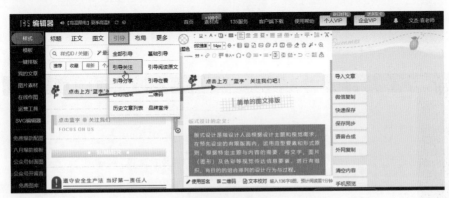

图 3-12

2. 底部引导

与顶部关注类似，如果文章结束后直接收尾，会显得太突兀，因此，需要在底部加入引导信息。引导样式列表框中的【引导阅读原文】、【引导分享】、【引导在看】选项都属于底部引导。在列表框中选择【引导阅读原文】选项，单击需要的样式后，即可将其应用于文章中，如图 3-13 所示。

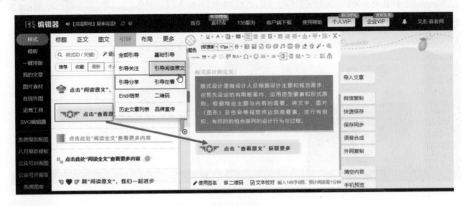

图 3-13

3.1.4 范例应用——替换图片并修改样式

135 编辑器的大部分图文样式支持修改，少部分样式为固定样式，不支持编辑与修改。本例详细讲解替换图片并修改图片样式的操作方法。

<< 扫码获取配套视频课程，本节视频课程播放时长约为 1 分 15 秒。

配套素材路径：配套素材\第3章
素材文件名称：背景1.jpg

························ **操作步骤** ························

Step 01 进入 135 编辑器的编辑界面，在素材区中选择【样式】选项后，单击【图文】按钮，在弹出的列表框中选择【单图】选项，如图 3-14 所示。

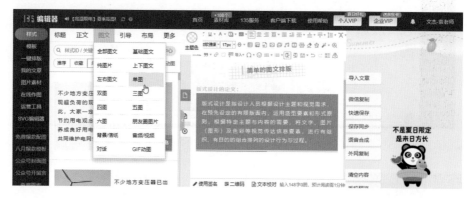

图 3-14

Step 02 在【单图】样式的素材库中单击需要的模板，该模板会应用于右侧的编辑区，如图 3-15 所示。

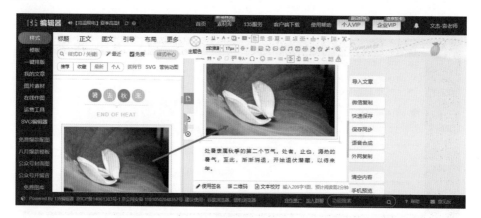

图 3-15

Step 03 选中编辑区中的图片，在【图片】面板中单击【换图】按钮，如图 3-16 所示。

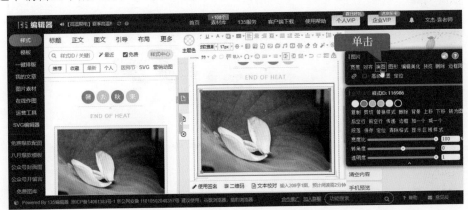

图 3-16

Step 04 在弹出的【多图上传】对话框中选择【本地上传】选项卡，再单击【普通图片上传】按钮，如图 3-17 所示。

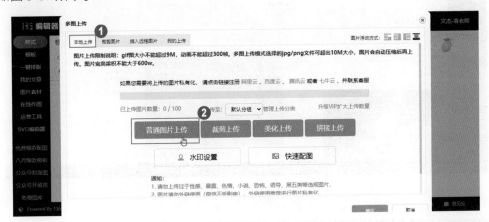

图 3-17

Step 05 在弹出的【打开】对话框中选择"背景 1.jpg"素材图片，单击【打开】按钮 打开(O) ，将该图片上传到编辑器中，如图 3-18 所示。

Step 06 此时即可看到模板中的图片已被替换，如图 3-19 所示。

Step 07 再次选中图片，在【图片】面板中单击【宽度】按钮，设置【百分比】为 85%，如图 3-20 所示。

Step 08 单击【边框阴影】按钮，打开【图片边框阴影】对话框，设置【圆角】为 25px，选择【虚线边框】样式，设置完成后，单击【应用到当前图片】按钮，如图 3-21 所示。

Step 09 选中图片，单击【图片】面板中的【图形】按钮，在弹出的列表框中选择【正方形】选项，如图 3-22 所示。

Step 10 图片样式修改完成后，单击空白处，最终的图片效果如图 3-23 所示。

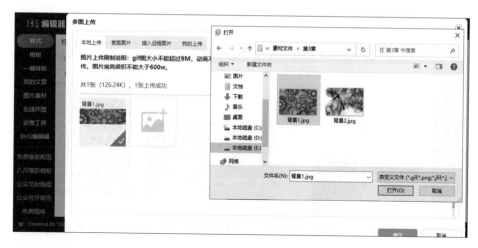

图 3-18

图 3-19

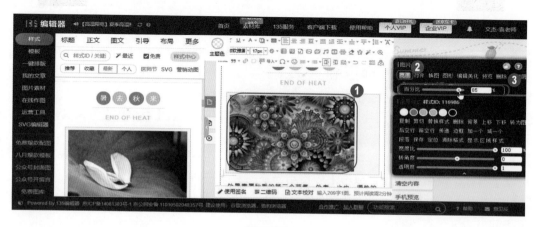

图 3-20

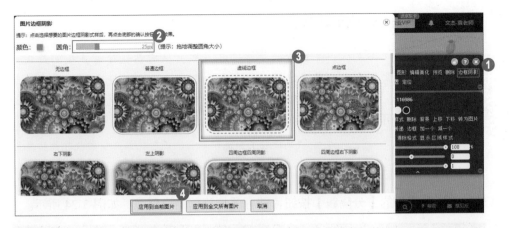

图 3-21

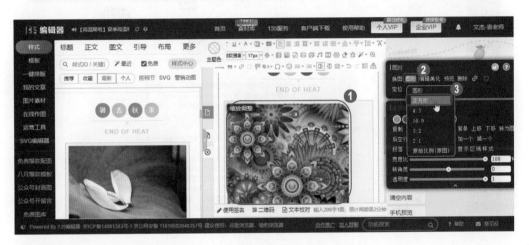

图 3-22

图 3-23

3.1.5 范例应用——添加分割线

如果公众号文章的文字过多，那么很容易让读者产生阅读压力，因此需要在文字段落之间适当添加分割线。分割线既有划分文章段落的作用，又有控制文章留白，给予读者眼睛充分休息的作用。本例详细介绍使用 135 编辑器添加分割线的操作方法。

<< 扫码获取配套视频课程，本节视频课程播放时长约为 33 秒。

操作步骤

Step 01. 单击编辑区顶部的【分隔线】按钮，即可添加简单的分割线，如图 3-24 所示。

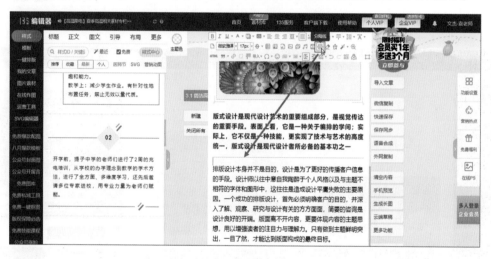

图 3-24

Step 02. 如果想要添加图形分割线，用户可以在【样式】面板的搜索框中输入"分割线"文字进行搜索，即可显示分割线素材库。该素材库中有各种各样的图形分割线，还包含许多有动态效果的分割线，单击需要的分割线模板，将其添加到文章中，效果如图 3-25 所示。

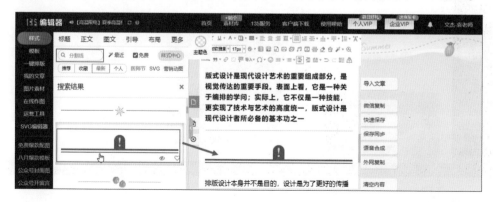

图 3-25

3.1.6　范例应用——预览与生成效果长图

　　排版的过程中难免会出现一些错误，因此在编辑完文章后，需要先预览整个图文排版的效果，再生成长图。本例详细介绍预览与生成效果长图的操作方法。

<< 扫码获取配套视频课程，本节视频课程播放时长约为 1 分 14 秒。

操作步骤

Step 01. 编辑完文章后，单击编辑器右下角的【手机预览】按钮，如图 3-26 所示。

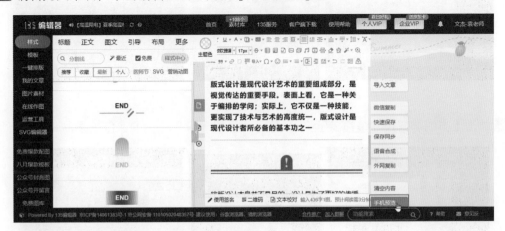

图 3-26

Step 02. 系统可以模拟手机预览界面并预览整个图文排版效果，用户还可以使用手机扫描二维码，在手机上预览效果，如图 3-27 所示。

图 3-27

Step 03 排版中的颜色深浅、明暗程度、对比关系等问题，在深色模式中显示时较为突出，因此，135编辑器中增加了【深色模式】预览功能。选中【深色模式】复选框，可以快速预览深色模式下的效果，如图3-28所示。

图 3-28

Step 04 单击上方的屏幕尺寸按钮，还可以预览不同手机屏幕尺寸中的深色效果，如图3-29所示。

图 3-29

Step 05 预览效果后，如果想要将整个图文生成长图，可以单击右侧的【生成长图】按钮，如图 3-30 所示。

Step 06 弹出【生成长图/PDF】对话框，在左侧，用户可以设置输出格式、清晰度、图片宽度等参数，在右侧会预览显示长图效果，单击【导出】按钮，如图3-31所示。

Step 07 弹出【新建下载任务】对话框，设置名称、下载位置等，单击【下载】按钮，如图3-32所示。

Step 08 打开下载路径，即可看到所生成的长图，这样即可完成预览并生成效果长图的操作，如图3-33所示。

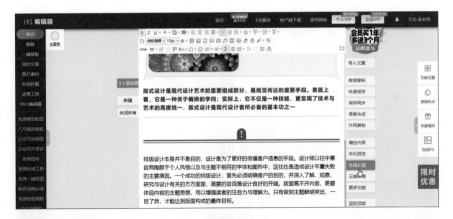

图 3-30

图 3-31

图 3-32

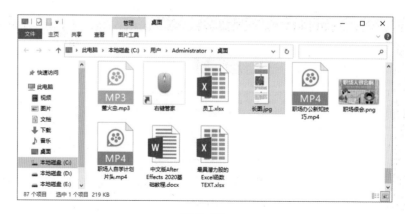

图 3-33

3.2 图文美化工具——秀米编辑器

秀米编辑器是专门用于微信公众号文章图文排版的在线编辑工具。秀米编辑器有独特的组件，有助于用户轻松设计出具有个人风格的文章版式，让文章更具辨识度。本节将介绍秀米编辑器的排版功能。

3.2.1 添加板块内容

打开秀米编辑器，在首页中有【图文排版】区域和【H5 制作】区域。单击【图文排版】区域中的【新建一个图文】按钮，可以创建图文排版；单击【H5 制作】区域中的【新建一个H5】按钮，可以创建 H5 秀，如图 3-34 所示。

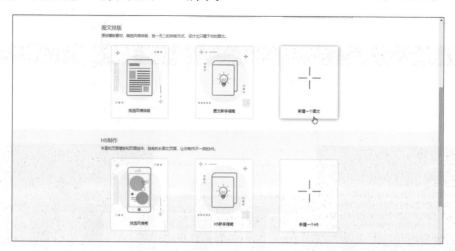

图 3-34

在秀米编辑器首页的【图文排版】区域中单击【新建一个图文】按钮，进入图文排版的编辑界面，界面左侧为素材区，右侧为编辑区，编辑区的上部为封面编辑区，下部为内容编辑区，如图 3-35 所示。选择界面左侧的【图文模板】选项，可以在素材区中选择【标题】、【卡片】、【图片】、【布局】、SVG、【组件】等模板样式。

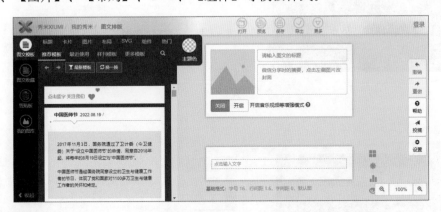

图 3-35

下面将详细介绍添加各板块的操作方法。

1. 添加封面

封面编辑区用来编辑微信公众号文章的标题、分享摘要和封面图，可以在上方的文本框中输入文章标题，在下方的文本框中输入摘要内容，如图 3-36 所示。

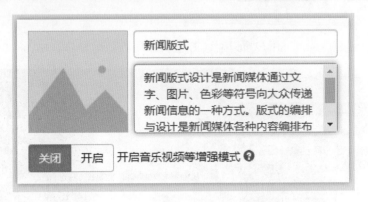

图 3-36

注册登录账号后，单击图片区域，待图片上显示文字内容后，再单击【我的图库】界面中的【上传图片（无水印）】按钮，如图 3-37 所示，上传本地图片。

上传本地图片后，在【我的图库】界面中双击图片，将图片设置为封面图。将鼠标指针移动至封面图上，待出现菜单选项后，单击该菜单按钮，然后在弹出的下拉菜单中选择【裁剪封面】选项，如图 3-38 所示。

图 3-37

图 3-38

此时即可进入裁剪界面，用户可以对图片进行相应的裁剪操作，如图 3-39 所示。

图 3-39

将鼠标指针移动至【我的图库】界面中的图片上，单击【设置标签】按钮，如图 3-40 所示。

在打开的【设置标签】对话框中输入文章内容的关键词，关键词的描述要尽量简洁明了，单击【确定】按钮，如图 3-41 所示。

图 3-40

图 3-41

此时，在【我的图库】界面中即可看到刚刚新建的标签选项，如图 3-42 所示。

图 3-42

2. 添加引导

在【图文模板】中选择【组件】模板，可以展开【组件】下拉列表，该下拉列表中包括【关注原文】、【二维码】等选项，这里选择【关注原文】选项，如图 3-43 所示。

在素材区中单击需要的引导模板，即可在编辑区中显示模板效果，如图 3-44 所示。

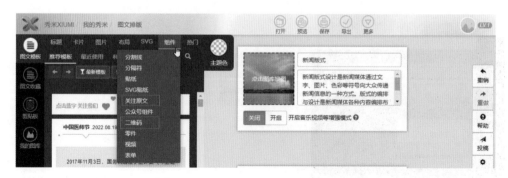

图 3-43

图 3-44

3. 添加标题

在【图文模板】中选择【标题】模板，可以展开【标题】下拉列表，该下拉列表中包括【基础标题】、【框线标题】、【图片标题】等模板类型，如图 3-45 所示。在素材区中单击需要的标题模板，即可在编辑区中显示模板效果，该模板会自动应用在引导模板的下方。

图 3-45

4. 添加卡片

在【图文模板】中选择【卡片】模板，可以展开【卡片】下拉列表，该下拉列表中包含【基础卡片】、【框线卡片】、【底色卡片】、【底纹卡片】等模板类型，选择需要的卡片模板类型，如【框线卡片】，再单击素材区中的模板效果，即可在编辑区中应用该模板，如图3-46所示。

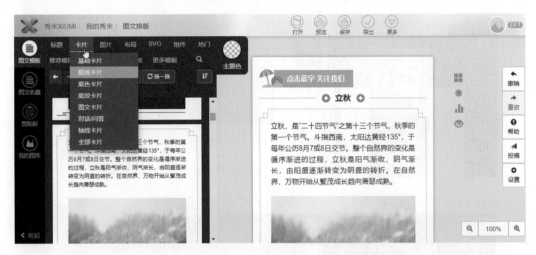

图 3-46

5. 设置布局

在【图文模板】中选择【布局】模板，展开【布局】下拉列表，该下拉列表中包含【基础布局】、【组合】、【表格】、【左右滑动】、【自由布局】等模板类型。例如，选择【左右滑动】类型，素材区中将显示带有图片滑动效果的布局，若将该布局应用在文章排版中，则只需用手指滑动图片就可以翻看图片，如图3-47所示。

图 3-47

6. 设置 SVG

SVG，简单来说，就是一种可交互的和动态的图像文件格式。应用 SVG 互动样式后，用户可以通过手指点击进行互动，能够起到良好的互动作用。同时，还可以打造吸睛的排版效果，提高用户留存率，如图 3-48 所示。

图 3-48

7. 添加图片

在【图文模板】中选择【图片】模板，可以展开【图片】下拉列表，该下拉列表中包含【基础图片】、【单图】、【双图】、【三图】、【多图】等模板。实际排版中可以应用不同样式的图片模板，如带有边框效果的图片，效果如图 3-49 所示。

除了使用【图片】模板外，还可以在【我的图库】界面中单击【上传图片（无水印）】按钮上传图片，并将上传的图片拖入编辑区中进行应用，如图 3-50 所示。

8. 添加组件

在秀米编辑器中，用户可以添加并编辑分割线、贴纸、视频和表单等组件。选择【组件】模板，展开【组件】下拉列表，该下拉列表中包括【分割线】、【贴纸】、【SVG 贴纸】、【零件】、【视频】、【表单】等组件类型，如图 3-51 所示。

图 3-49

图 3-50

图 3-51

注意

SVG 贴纸与贴纸不同：SVG 贴纸是由多个像素点围成的矢量图形，可以修改填充颜色和边框颜色，如图 3-52 所示；而贴纸属于位图，不能修改填充颜色和边框颜色，如图 3-53 所示。

图 3-52

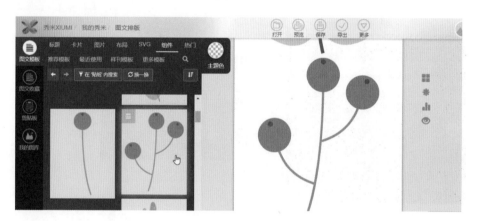

图 3-53

在【组件】下拉列表中还可以选择【视频】组件，将【视频】组件添加到编辑区后，单击视频的边缘将显示视频工具条，可输入"通用代码"添加视频，如图 3-54 所示。

图 3-54

3.2.2 编辑板块内容

在添加了文章的板块内容后，还需要对各板块的内容进行编辑与修改。选中一个模板，秀米编辑器会显示对应的工具条，列出对应的各项编辑功能。下面详细介绍这些功能。

1. 编辑标题

选中编辑区中的标题边框后，会弹出布局工具条和基本工具条。布局工具条可以修改标题模板的布局样式，还可以设置标题文字的间距、标题边框和边框阴影。基本工具条包含【复制】、【收藏】、【变换组件】、【后插空行】和【组件定位】等功能。单击基本工具条左侧的 📌 按钮，工具条会始终固定在屏幕的某一个位置。单击基本工具条中的 ••• 按钮，可以在打开的面板中设置【透明度】、【旋转】、【翻转】、【倒影】等参数，调整标题模板的效果，如图3-55所示。

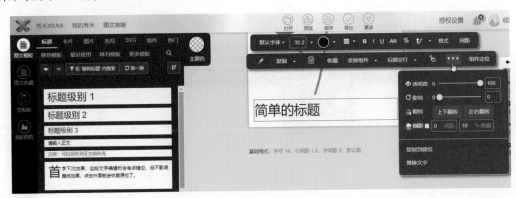

图 3-55

单击基本工具条右侧的【组件定位】按钮，可以在打开的面板中设置【缩放】、【缩放点】、【组前距】、【组后距】、【对齐】、【偏移】等参数，如图3-56所示。【缩放】功能可以对标题模板进行缩放调整，如果选中的对象是文字或图片，调整的则是文字或图片的大小；【组前距】和【组后距】可以调整标题模板的前后距离；【对齐】功能可以选择左对齐、居中对齐和右对齐的对齐方式；【偏移】功能则是对【对齐】功能的补充，如果对齐方式不能满足位置调整的需求，可以使用【偏移】功能来调整。

知识拓展

这里的【对齐】功能指的是标题模板的对齐方式，而不是文字的对齐方式。

单击标题模板中的文字，会出现基本工具条和文字工具条。在文字工具条中可以设置文字的字体、字号、颜色等。圆形颜色块用来设置文字颜色，单击圆形按钮旁边的 ▾ 按钮，在弹出的下拉列表中可以选择【文字底色】和【文字阴影】选项，如图3-57所示。选择【文字底色】选项，可以设置文字的背景色；选择【文字阴影】选项，可以设置阴影颜色、模糊程度和模糊角度。

图 3-56

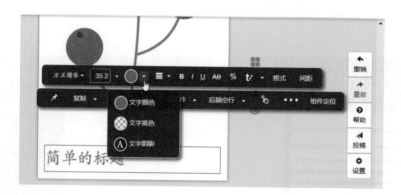

图 3-57

2. 编辑卡片

单击卡片边框，会出现基本工具条和布局工具条。单击布局工具条中【宽】右侧的▼按钮，在弹出的下拉列表中可以选择【宽度百分比】、【宽度固定像素】、【宽度自适应】、【宽度自伸缩】等宽度属性，如图 3-58 所示。宽度属性可以自由切换。

单击布局工具条圆形颜色块右侧的▼按钮，在弹出的下拉列表中可以选择【背景图】、【背景色】、【清除背景】选项，如图 3-59 所示。如果选择【背景图】选项，可以从左侧素材区的【图片】模板中选择背景图；如果选择【背景色】选项，可以设置纯色或渐变色背景。

【间距】用于设置布局的内部间距；【边框】用于调整卡片边框的样式、尺寸、弧度和颜色，还可以分别设置上、下、左、右 4 个方位的边框，如图 3-60 所示；【阴影】用于设置【水平】、【垂直】、【模糊】、【类型】、【颜色】等参数，为边框添加阴影效果。

知识拓展

因为宽度大于 95% 的布局复制到微信平台后，阴影边缘可能会被裁剪，所以建议先将布局的宽度设置到 95% 以下再进行阴影的设置。

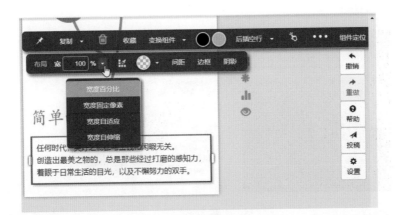

图 3-58

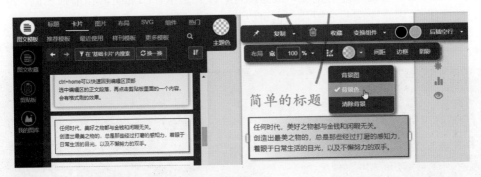

图 3-59

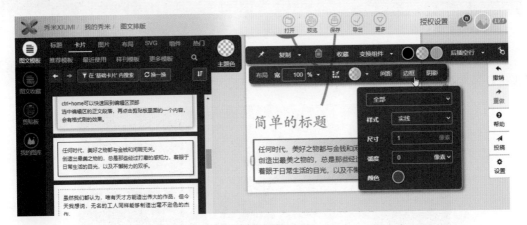

图 3-60

3. 编辑图片

单击编辑区中的图片，会出现基本工具条和图片工具条，如图3-61所示。

图 3-61

　　图片工具条用于设置图片的宽度，裁剪图片，设置边框，添加阴影和增强色调。单击【裁剪】按钮，可以按固定比例裁剪图片，也可以自由裁剪图片，如图 3-62 所示。

图 3-62

　　在图片工具条中单击【增强】按钮，可在打开的面板中设置【模糊】、【亮度】、【对比度】、【锐化】等参数，调整图片的色调，如图 3-63 所示。

图 3-63

　　如果想要将图片模板替换成自行下载的图片，则需要先单击编辑区中需要替换的图片，再单击【我的图库】界面中需要导入的图片，如图 3-64 所示。

图 3-64

3.2.3　范例应用——制作发光文字效果

在秀米编辑器中，用户可以利用【文字阴影】选项制作发光文字效果。本例详细介绍制作发光文字效果的操作方法。

<< 扫码获取配套视频课程，本节视频课程播放时长约为 1 分 2 秒。

操作步骤

Step 01. 进入秀米编辑器并登录账号后，单击【图文排版】中的【新建一个图文】按钮，进入图文排版的编辑界面。单击内容编辑区中的【点击输入文字】文本框，输入文字内容"在阳光下闪闪发光"，接着选中文字，在文字工具条中设置字号为 32，单击【居中对齐】按钮，如图 3-65 所示。

图 3-65

Step 02 单击文字工具条中圆形颜色块右侧的 ▼ 按钮，在弹出的下拉列表中选择【文字阴影】选项，在弹出的面板中设置【偏移 X】为 4 像素、【偏移 Y】为 2 像素，如图 3-66 所示。

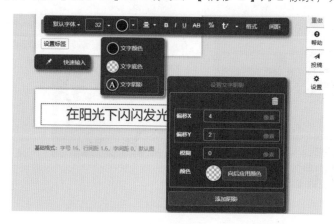

图 3-66

Step 03 单击【颜色】圆形颜色块，设置颜色为黄色（R:255;G:255;B:21），如图 3-67 所示。

图 3-67

Step 04 此时可以看到设置阴影后的文字效果，如图 3-68 所示。

图 3-68

Step 05 单击文字工具条中的圆形颜色块，在弹出的面板中设置文字的颜色为棕色（R:105;G:87;B:45），单击【应用颜色】按钮，然后单击【全文替换】按钮，如图3-69所示。

图 3-69

Step 06 此时就可以看到最终制作的发光文字效果，如图3-70所示。

图 3-70

3.2.4 范例应用——制作动态 H5 海报

　　秀米编辑器不仅可以用于图文排版，还可以用于在线制作动态 H5 海报。在编辑 H5 场景秀时，需要使用各种不同的素材，可以在素材区中浏览模板，在浏览时要根据海报主题选择适宜的内容。本例详细介绍制作动态 H5 海报的操作方法。

　　<< 扫码获取配套视频课程，本节视频课程播放时长约为 2 分钟。

 配套素材路径：配套素材\第3章
　　　　素材文件名称：中秋.jpg

操作步骤

Step 01 进入秀米编辑器并登录账号后，单击【H5 制作】中的【新建一个 H5】按钮，如图 3-71 所示，进入 H5 海报的编辑界面。

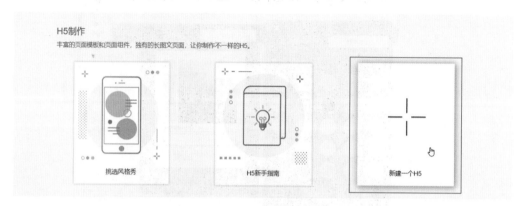

图 3-71

Step 02 设置封面编辑区中的图片。单击【我的图库】界面中的【上传图片（无水印）】按钮，将"中秋 .jpg"素材上传到图库中，单击封面编辑区中的封面图，再单击上传的素材图，完成封面图的添加，如图 3-72 所示。

图 3-72

Step 03 输入标题和分享描述的文字内容，在【音视频】界面中选择合适的背景音乐，系统会自动添加该音乐，如图 3-73 所示。

Step 04 制作页面编辑区中的内容。单击页面编辑区右侧的【设置页面背景】按钮 ✳，弹出一个工具条。单击工具条中圆形颜色块右侧的 ▾ 按钮，在弹出的下拉列表中选择【背景色】选项，如图 3-74 所示。

Step 05 在左侧的【页面版式】界面中选择【背景】→【纯色】选项，并选择一个纯色背景，将该颜色应用到背景中，如图 3-75 所示。

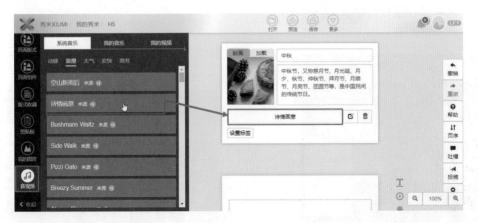

图 3-73

图 3-74

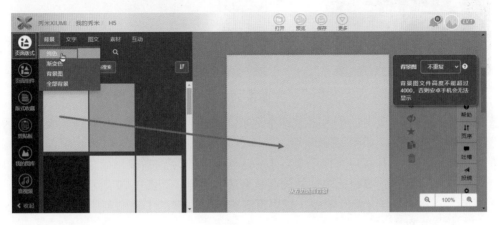

图 3-75

Step 06. 在【页面版式】界面中选择【文字】→【标题】选项，在素材库中找到合适的标题并单击，将标题应用在编辑区中，如图 3-76 所示。

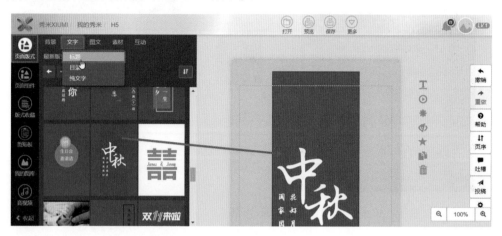

图 3-76

Step 07. 选中页面编辑区中的标题版式，显示其边框，单击并拖动边框，调整标题的长、宽、高，使其到一个合适的大小，如图 3-77 所示。

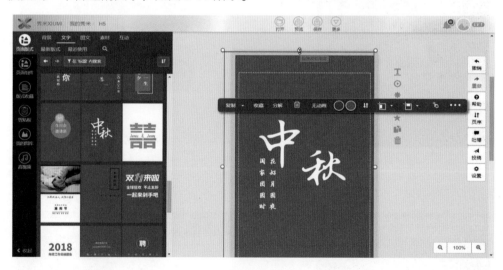

图 3-77

Step 08. 选择【素材】模板中的【内容装饰】选项，单击需要的素材，将其应用至编辑区，移动该素材至合适的位置，如图 3-78 所示。

Step 09. 在【页面组件】界面中选择【文字】→【组合】选项，在素材库中找到合适的组合文字并单击，将文字应用到编辑区中，并调整至合适的位置，如图 3-79 所示。

Step 10. 至此，动态 H5 海报制作完成。单击页面编辑区右侧的【动态预览】按钮 ⊙ 可以预览动态效果，如图 3-80 所示。

图 3-78

图 3-79

图 3-80

3.2.5 范例应用——制作独具特色的微信公众号文章

秀米编辑器新增了深色模式预览功能，在制作适合深色模式的微信公众号文章时，用户可以一边制作一边预览公众号文章应用深色模式后的效果。下面介绍制作独具特色的微信公众号文章的操作方法。

≪ 扫码获取配套视频课程，本节视频课程播放时长约为 2 分 33 秒。

 配套素材路径：配套素材\第3章
素材文件名称：饮品.jpg

・・・・・・・・・・・・・・・・・・・・・・・ 操作步骤 ・・・・・・・・・・・・・・・・・・・・・・・

Step 01. 使用浏览器进入秀米编辑器，登录账号后，单击【图文排版】中的【新建一个图文】按钮，如图 3-81 所示，进入图文排版的编辑界面。

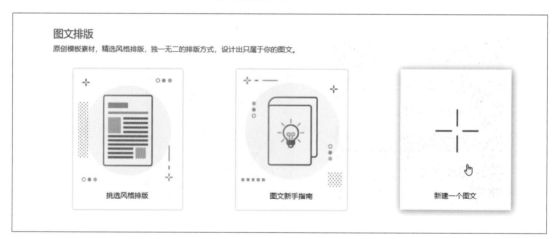

图 3-81

Step 02. 设置封面编辑区中的内容。在【我的图库】界面中单击【上传图片（无水印）】按钮，将"饮品.jpg"素材上传到图库中，单击封面编辑区中的封面图，再单击上传的素材图，添加封面图，然后输入标题和分享描述的文字内容，如图 3-82 所示。

Step 03. 制作页面编辑区中的内容。在【图文模板】中选择【标题】模板，在【标题】搜索栏中输入"夏天"，快速查找需要的模板风格。在素材库中找到合适的标题模板并单击，将标题应用到编辑区中，修改标题文字，如图 3-83 所示。

Step 04. 单击下方的【点击输入文字】文本框，输入"新品上市"文本，修改文本的字号为 48，设置文本颜色为绿色，单击【居中对齐】和【粗体】按钮，如图 3-84 所示。

Step 05. 在【图文模板】中选择【组件】→【分割线】选项，在素材库中找到合适的动态分割线并单击，将其应用到编辑区中，如图 3-85 所示。

图 3-82

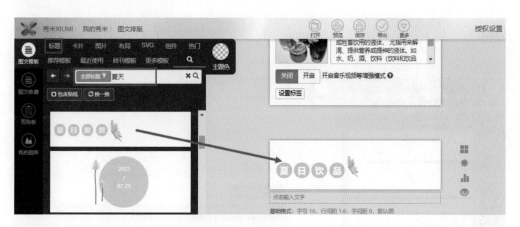

图 3-83

图 3-84

图 3-85

Step 06. 在分割线的下方输入文字，修改文字颜色为灰色，单击【居中对齐】按钮，如图 3-86 所示。

图 3-86

Step 07. 选择【图片】模板中的【单图】选项，在素材库中找到合适的图片模板并单击，将其应用到编辑区中，如图 3-87 所示。

Step 08. 在【我的图库】界面中单击【上传图片（无水印）】按钮，将"饮品 .jpg"素材图片上传到图库中，单击编辑区图片模板中的图片，再单击上传的素材图，替换图片，并重新编辑文本内容，如图 3-88 所示。

Step 09. 选中上方的灰色文字，单击基本工具条中的【后插空行】按钮，使灰色文字和下方的图片之间分开一些，如图 3-89 所示。

Step 10. 在【图文模板】中选择【组件】→【贴纸】选项，在素材库中找到合适的动态贴纸并单击，将其应用到编辑区中，如图 3-90 所示。

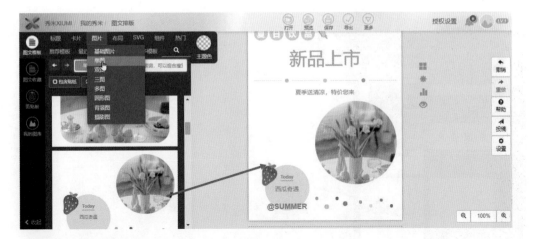

图 3-87

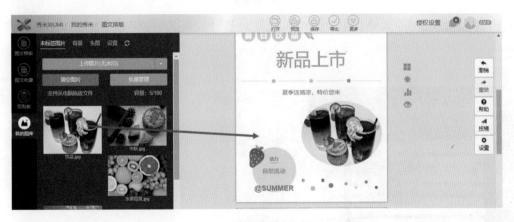

图 3-88

图 3-89

图 3-90

Step 11. 在【图文模板】中选择【组件】→【关注原文】选项，在素材库中找到合适的模板并单击，将其应用到编辑区中，如图 3-91 所示。

图 3-91

知识拓展

　　在带有背景的排版中，文字内容是不受深色模式影响的，所以在深色模式下尽量不要使用明度较高的全文背景，最好使用无背景图的排版方式。因为当眼睛处于深色环境时，瞳孔会变大，通过更多的光线去看清事物，这时如果突然从微信的深色模式打开一篇白色系背景的公众号文章，进入眼睛的光线会大大增多，瞳孔急速收缩，从而给用户带来较差的阅读体验。

Step 12. 微信公众号文章制作完成后，单击编辑区顶部的【预览】按钮，再单击【深色】按钮，可预览最终的深色模式效果，如图 3-92 所示。

图 3-92

3.3 微信公众号排版插件——壹伴

新媒体排版插件是通过浏览器对微信公众号后台功能进行增强的一种工具。此类插件一方面可以帮助运营者在编辑图文信息时，不必跨多个编辑平台复制、粘贴、同步等，满足运营者直接登录微信公众号平台进行多项功能的使用；另一方面可以增强微信公众号后台数据分析的功能，并对整个微信公众号领域的热门文章等数据进行汇总展示。

3.3.1 插件界面介绍

壹伴微信编辑器插件是受众多新媒体运营者青睐的一款在线微信编辑工具，它拥有万千公众号模板、公众号素材样式，具备公众号排版、多公众号管理、数据分析、定时群发等功能。

壹伴需要下载并将小插件安装在浏览器上才可以使用，使用浏览器打开壹伴的官网（网址为 https://yiban.io），进入如图 3-93 所示的页面，单击页面中的【安装小插件】按钮，安装插件。

图 3-93

若使用的浏览器不支持壹伴插件的运行，则会跳转至浏览器下载页面，需要使用页面中推荐的浏览器下载该插件，如图 3-94 所示。

图 3-94

根据浏览器提示下载安装壹伴插件，安装完毕后，微信公众号平台后台的首页中会增加一个【我的工具栏】面板，包括功能实验室、图文分析、粉丝分析、内容检测、事件、实时热点等模块，如图 3-95 所示。

图 3-95

知识拓展

与其他在线图文排版编辑器不同，壹伴插件需要登录微信公众号平台后才可以进行图文排版操作。

在图文编辑区上方新增加了一行编辑功能栏，其中，【一键排版】可以保存不同的排版样式，帮助运营者实现对不同的图文一键排版，提高排版效率，如图 3-96 所示。

图 3-96

图文编辑区的左右两侧分别增加了样式中心和壹伴图文工具箱，能够极大地提高运营者的排版效率，如图 3-97 所示。

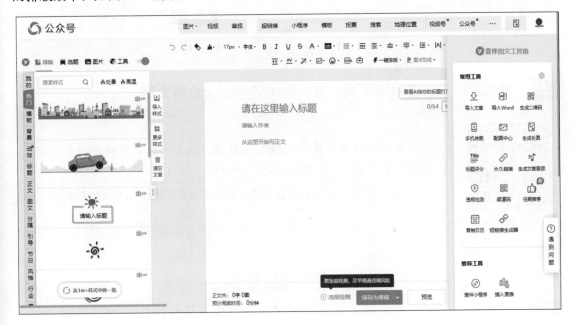

图 3-97

3.3.2 使用插件功能

在样式中心分为【排版】、【选题】、【图片】和【工具】等区域。【排版】区域中包括【模板】、【背景】、【标题】、【分隔】、【正文】和【图文】等模板类型，利用这些模板可以制作出不同风格的微信公众号文章。

在素材区中找到合适的模板后直接单击，即可在右侧的编辑区中应用该模板，如图 3-98 所示。应用该模板后还可以对样式、图片或文字内容进行编辑与修改操作。

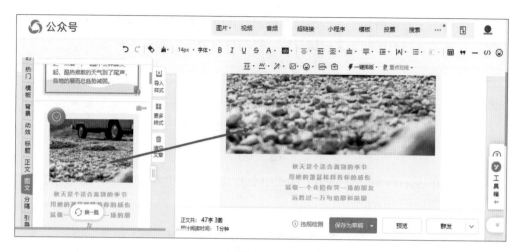

图 3-98

3.3.3 范例应用——使用排版插件编辑精美的微信公众号文章

下载了壹伴插件后，直接进入微信公众号平台就可以开始编辑微信公众号文章内容了。本例详细讲解编辑精美微信公众号文章的操作方法。

<< 扫码获取配套视频课程，本节视频课程播放时长约为 2 分 21 秒。

 配套素材路径：配套素材\第3章
素材文件名称：电脑办公.jpg

 操作步骤

Step 01. 进入微信公众号平台后，单击【新的创作】中的【图文消息】按钮，如图 3-99 所示，进入排版编辑界面。

图 3-99

Step 02. 单击编辑区中的标题和作者区域，输入文字内容，如图3-100所示。

图 3-100

Step 03. 在样式中心的【排版】区域中选择【图文】模板，然后单击编辑区中的【从这里开始写正文】区域，再单击【图文】模板中需要的模板类型，将模板应用到编辑区并修改模板中的文字内容，如图3-101所示。

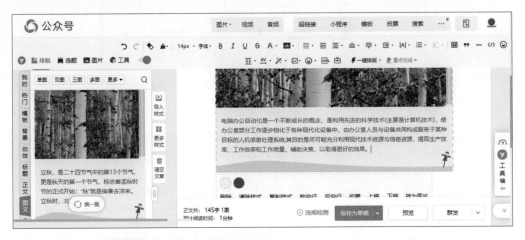

图 3-101

Step 04. 选中模板中的图片，在打开的工具条中单击【替换】按钮，如图3-102所示。

Step 05. 弹出一个对话框，上传"电脑办公.jpg"素材图，单击【确定】按钮，如图3-103所示。

Step 06. 返回到排版编辑界面，可以看到图片已经被替换，效果如图3-104所示。

Step 07. 在样式中心的【排版】区域中选择【标题】模板，再选择【编号】模板类型，单击合适的标题模板，将其应用到编辑区，并修改新添加的标题内容，如图3-105所示。

Step 08. 在样式中心的【排版】区域中选择【正文】模板，再选择【边框】模板类型，单击选择合适的正文模板，将其应用到编辑区的标题下方，并修改正文模板中的文字内容，如

图 3-106 所示。

图 3-102

图 3-103

图 3-104

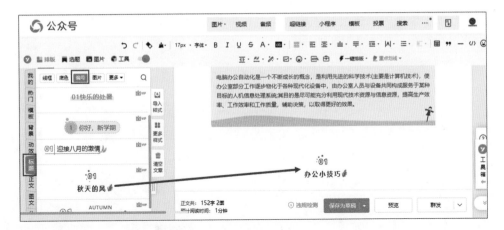

图 3-105

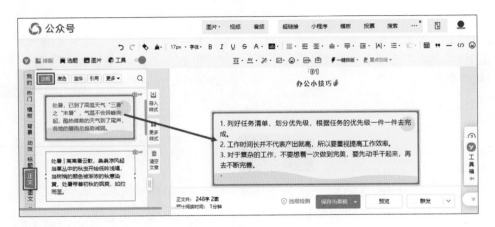

图 3-106

Step 09 在【正文】模板中选择【底色】模板类型，单击合适的正文模板，将其应用到编辑区，修改正文底色的颜色，并修改文字内容，如图 3-107 所示。

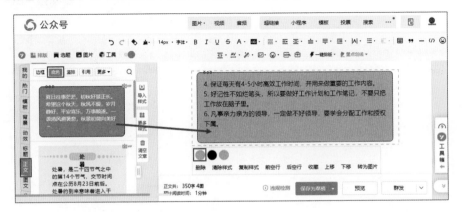

图 3-107

Step10 在【分隔】模板中单击合适的模板类型，将其应用到微信公众号文章的结尾处，修改字体大小并进行加粗，如图 3-108 所示。

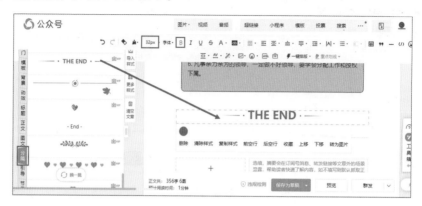

图 3-108

Step 11 微信公众号文章编辑完成后，在编辑区下方的【封面和摘要】区域中单击加号按钮，从弹出的下拉列表中选择【从图片库选择】选项，将"电脑办公.jpg"素材图上传到封面区域，如图 3-109 所示。

图 3-109

Step 12 进入样式中心的【工具】区域并单击【生成长图】按钮，如图 3-110 所示。

图 3-110

Step 13. 在弹出的【生成长图】对话框中设置输出方式等参数，设置完成后单击【导出】按钮，导出微信公众号文章的效果图，如图 3-111 所示。

图 3-111

Step 14. 导出效果图后，可以打开其所在的文件夹，使用看图软件查看导出长图的最终效果，如图 3-112 所示。

图 3-112

Step 15. 返回到微信公众号的排版编辑界面，单击界面底部的【预览】按钮，打开手机屏幕预览模式，即可查看最终制作的文章效果，如图 3-113 所示。

图 3-113

3.4 智能写作助手

智能写作助手适用于新媒体运营编辑用户，能够帮助用户对文字内容进行排版，在发送的时候自动对违禁词进行检测，避免因为文章内包含违禁词而被屏蔽；还可以仅通过添加关键词就完成文章的创作，智能配图并排版，直接生成新媒体文章。

3.4.1 GET 写作

GET 写作可以用 AI 提高写作速度，以人机协作的方式提升写作效率，快速创作爆款文章。它提供精准的文章素材、丰富的文章模板、智能取标题、一键智能改写等功能。

GET 写作的核心功能就是智能写作，只需在对话框的文本框中输入想要写的内容，例如输入"冰雪奇缘"，单击【开始写作】按钮，如图 3-114 所示。

图 3-114

注册登录后，就会显示出与"冰雪奇缘"相关的文章和写作角度，根据要写的角度和思路，结合一些素材就可以开始写作之旅了，如图 3-115 所示。

模板成文功能很实用，对一些固定领域的写作帮助非常大，大大提高了写作效率，如图 3-116 所示。

图 3-115

图 3-116

单击界面上方的【热点发现】选项，即可打开全网热点内容，实时把全网不同领域的热点内容推荐给用户，让用户不用再到处去搜索热点内容，给写作提供了很多思路，如图 3-117 所示。

图 3-117

GET 写作还有一个辅助写作的实用功能栏，用户在写作的过程中，可以应用右侧的【智能改写】、【智能摘要】、【智能纠错】、【质量检测】、【一键复制】等功能，如图 3-118

所示。

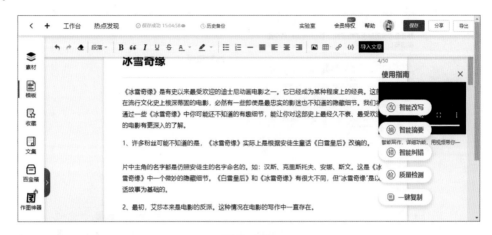

图 3-118

3.4.2　5CE 内容神器

5CE内容神器可以及时发现社会热点、搜索素材并进行选题分析，让内容创作更轻松高效，非常适合新媒体行业的用户进行内容编辑。

5CE内容神器是通过监测互联网大数据提取的热点数据，可以看到最新热点的关联话题及热度涨跌。每个热点的出现对内容创作者来说都是非常重要的，把握好实时热点分分钟能让用户的网站出现在搜索的前列。在海量的数据中，单靠个人是很难去捕捉这些热点的，而通过这款工具我们就能很轻松地掌握这些热点资源，如图 3-119 所示。

图 3-119

对于多数人而言，写作是一件比较枯燥且费脑子的事情。而5CE内容神器就算没有写原创文章的高级水平，也能通过官方提供的高质量素材写出像样的东西，如图 3-120 所示。

图 3-120

在素材区，用户可以对文字、段落、图片进行多平台、多角度的搜索，如图 3-121 所示；也可以收藏需要的文章、段落和图片，随时随心引用，如图 3-122 所示；还可以为用户保存文集，以便随时编辑，随时发表，如图 3-123 所示。

图 3-121

图 3-122

图 3-123

3.4.3 GiiSO 写作机器人

GiiSO 写作机器人是一款内容创作 AI 辅助工具，能够实现选、写、改、编、发全流程智能化，人机协作，快速出稿。它具有各大平台的热度榜单，不同行业的最新资讯，可以给用户带来写作灵感，不管是资讯写作还是营销写作，输入关键词就可以帮助用户生成一篇文章。

目前，GiiSO 写作机器人已推出九大写作类型：资讯写作、汽车写作、文章校对、提纲写作、文章裂变、营销写作、思想学习、汽车点评、天气预报，如图 3-124 所示。它能够呈现的内容类别十分广泛，大部分题材都能通过智能写作快速成稿，同时使用算法进行素材推荐，用户可以采用段落、词句、文章和知识推荐进行内容的修改、替换与调整。

图 3-124

例如选择【天气预报】写作类型，会进入【天气预报】编辑页面，选择地区以及模板后，单击【智能写作】按钮，如图 3-125 所示。

图 3-125

　　此时，即可进入【稿件编辑】页面，系统会自动生成一篇关于天气预报的文章，用户可以根据个人的需求，在该页面快速编辑好一篇关于天气预报的文章，如图 3-126 所示。

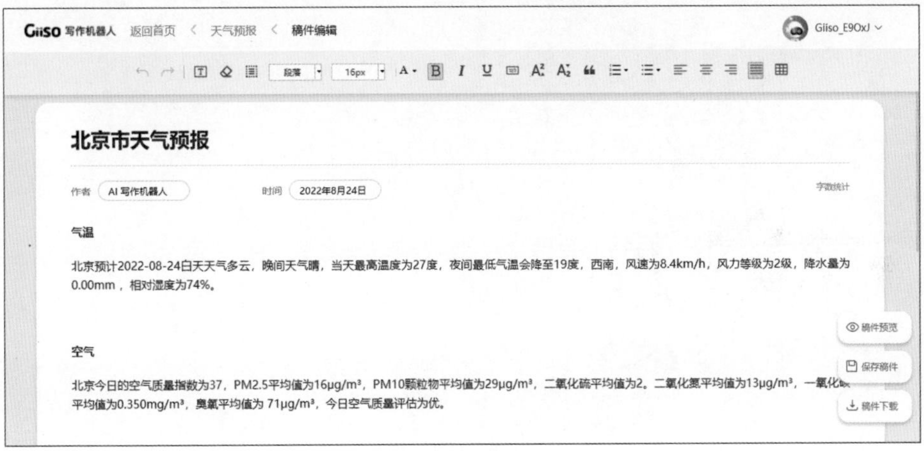

图 3-126

第4章

炫酷短视频的剪辑与制作

当今信息技术高速发展，短视频的风潮越来越火爆。随着抖音短视频的兴起，现在越来越多的人喜欢通过拍摄短视频来记录自己的日常生活。但是想要拍出炫酷的短视频，也是需要很多技巧的，短视频拍摄完成后，往往还需要进行剪辑和加工处理。本章主要介绍短视频剪辑与制作的相关方法。

4.1 简单实用的剪辑工具——剪映

剪映是一款强大的视频剪辑类的手机 App。作为抖音推出的剪辑工具，剪映非常适用于视频创作新手。它操作简单且功能强大，同时能与抖音衔接应用，这也是其深受广大用户喜爱的原因之一。该软件可以满足用户的各种视频制作需求，强大的编辑功能，超多的素材内容，还有各种滤镜和特效，让用户能够随心所欲地完成视频的制作。

4.1.1 素材的处理

使用剪映进行视频后期剪辑，首先要掌握素材的各项基本操作，如添加并分割素材、改变素材持续时间、调整素材顺序、视频变速、调整画幅比例、替换视频素材等。下面将分别对这些内容予以详细介绍。

1. 添加并分割素材

打开剪映 App，进入如图 4-1 所示的主界面，通过点击界面底部的【剪辑】、【剪同款】、【创作课堂】、【消息】和【我的】按钮，可以切换至对应的功能界面。点击主界面中的【开始创作】按钮，即可进入素材添加界面，选择视频素材并点击【添加】按钮，如图 4-2 所示，即可进入视频编辑界面。剪映的视频编辑界面分为预览区域、轨道区域和底部工具栏，如图 4-3 所示。

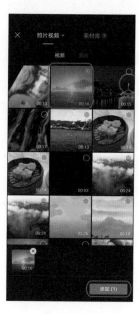

图 4-1 　　　　　　　　　　图 4-2 　　　　　　　　　　图 4-3

　　添加素材后，通常需要分割素材。分割素材的方法很简单，首先将时间线定位至需要进行分割的时间点，然后点击底部工具栏中的【剪辑】按钮，如图4-4所示。最后点击【分割】按钮，如图4-5所示。

图4-4

图4-5

　　执行上述操作后，即可将选中的素材沿着时间线一分为二，如图4-6所示。如果要删去多余的部分，选中分割后不需要的部分，点击底部工具栏中的【删除】按钮即可，如图4-7所示。

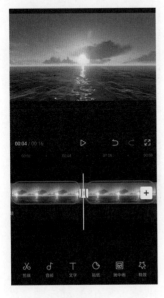

图4-6

图4-7

2. 改变素材持续时间

在不改变播放速度的情况下，拖动素材的前端和后端，可以修改素材的持续时间。在轨道区域选中一段素材后，可以在素材缩览图的左上角看到所选素材的时长，如图 4-8 所示。

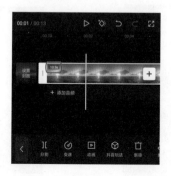

图 4-8

在选中素材的状态下，按住素材尾部的滑块并向左拖动，可以使片段在有效范围内缩短，同时素材的持续时间将变短，如图 4-9 所示。按住素材尾部的滑块并向右拖动，可以使片段在有效范围内延长，同时素材的持续时间将变长，如图 4-10 所示。

图 4-9

图 4-10

3. 调整素材顺序

在短视频剪辑的过程中，常常会在一个视频项目中放入多个素材片段，然后通过片段重组，来形成一个完整的视频。当在同一个轨道中添加多段素材时，如果想要调整其中两段素材的播放顺序，长按其中一段素材，将其拖动到另一段素材的前方或后方，即可调整素材的播放顺序，如图4-11和图4-12所示。

图4-11

图4-12

4. 视频变速

在处理短视频时，经常需要对视频片段进行变速处理。例如，使用一些快节奏音乐搭配快速镜头，可以使视频变得有动感，让人情不自禁地跟随画面和音乐摇摆；而使用慢速镜头搭配节奏轻缓的音乐，则可以使视频的节奏变得舒缓，让人心情放松。

在剪映中，视频的播放速度是可以自由调节的。在轨道区域选中一段正常播放速度的视频片段（此时片段的时长为15s），然后在底部工具栏中点击【剪辑】按钮，再点击【变速】按钮，如图4-13所示，此时可以看到底部工具栏中有【常规变速】按钮和【曲线变速】按钮，如图4-14所示。

图4-13

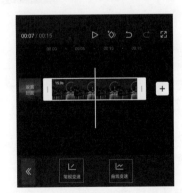

图4-14

点击【常规变速】按钮，可以打开对应的变速选项栏，如图4-15所示。一般情况下，视频的原始倍速值为1x，拖动变速滑块可以调整视频的播放速度。当数值大于1x时，视频的播放速度变快；当数值小于1x时，视频的播放速度变慢。

拖动变速滑块时，滑块上方会显示当前视频倍速，并且视频缩览图的左上角也会显示当前倍速值，如图4-16所示。完成变速调整后，点击右下角的对号按钮，即可实现视频变速。

图 4-15　　　　　　　　　　图 4-16

点击【曲线变速】按钮，可以打开对应的变速选项栏，在【曲线变速】选项栏中罗列了不同的变速曲线选项，包括【原始】、【自定】、【蒙太奇】、【英雄时刻】、【子弹时间】等变速选项，如图 4-17 所示。

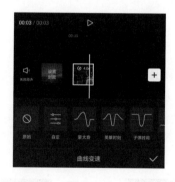

图 4-17

知识拓展

需要注意的是，对素材进行常规变速操作时，素材的持续时间也会发生变化。简单来说，就是当增加倍速值时，视频的播放速度变快，持续时间会变短；当减小倍速值时，视频的播放速度变慢，持续时间会变长。

5. 调整画幅比例

画幅比例是用来描述画面宽度与高度关系的对比数值。对于视频来说，合适的画幅比例可以为观众带来良好的视觉体验。而对于视频创作者来说，合适的画幅比例可以改善构图，将信息更准确地传递给观众。

在剪映中，用户可以为视频应用多种画幅比例。在未选中素材的状态下，点击底部工具栏中的【比例】按钮，如图 4-18 所示。打开比例选项栏，在这里可以为视频设置合适的画幅比例，如图 4-19 所示。

图 4-18   图 4-19

在比例选项栏中点击任意一个比例按钮，即可在预览区域看到相应的画面效果。如果没有特殊的视频制作要求，建议选择 9 ∶ 16 或 16 ∶ 9 这两种比例，分别如图 4-20 和图 4-21 所示，因为这两种画幅比例更加符合常规短视频平台的上传要求。

图 4-20   图 4-21

6. 替换视频素材

替换视频素材是视频剪辑的一项必备技能，它能够帮助用户制作出更加符合心意的作品。在进行视频剪辑处理时，如果用户对某个部分的画面效果不满意而直接删除该素材，可能会对整个剪辑项目产生影响。如果想要在不影响剪辑项目的情况下换掉不满意的素材，可以通过剪映中的替换功能轻松实现。

在轨道区域中，选中需要进行替换的视频片段，然后在底部工具栏中点击【替换】按钮，如图 4-22 所示。接着进入素材添加界面，选择一个准备替换的素材，如图 4-23 所示。

图 4-22

图 4-23

进入编辑界面，通过拖动预览轴选取准备替换的素材片段，点击【确认】按钮，如图 4-24 所示。此时，即可看到已经将选中的视频片段进行了替换，如图 4-25 所示。

图 4-24

图 4-25

4.1.2 画面调整

视频剪辑离不开画面调整这一环节，无论是专业用户还是非专业用户，都难免会因为视频拍摄过程中出现的突兀而苦恼，这时就需要通过调整画面来完善视频效果。下面分别介绍四种调整画面的方法。

1. 缩放与旋转视频

在剪映中，可以手动调整视频的画面大小。在轨道区域中选中素材，然后在预览区域通过双指拉伸，直接调整画面。双指向相反方向滑动，可以将画面放大，如图 4-26 所示；双指向同一方向聚拢，可以将画面缩小，如图 4-27 所示。

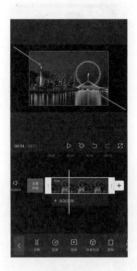

图 4-26　　　　　　　　　　　　图 4-27

如果想要对画面进行旋转，也可以通过滑动手指来完成。在轨道区域中选中素材，然后在预览区域通过双指旋转进行操控，旋转画面，双指的旋转方向对应画面的旋转方向，如图 4-28 和图 4-29 所示。

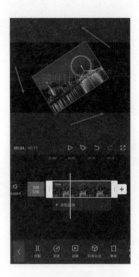

图 4-28　　　　　　　　　　　　图 4-29

2. 裁剪视频尺寸

如果拍摄视频时不知道如何构图取景，可以使用剪映中的裁剪功能，对画面中多余的部分进行裁剪，以突出主体，合理地裁剪视频可以起到二次构图的作用。在轨道区域中选中一段素材，然后在底部工具栏中点击【编辑】按钮，如图 4-30 所示，接着点击【裁剪】按钮，如图 4-31 所示。

图 4-30   图 4-31

此时在底部工具栏中可以选择不同的裁剪比例，如图 4-32 所示。在【自由】模式下，可以拖动裁剪框的边角，将画面裁剪为任意比例；使用固定的裁剪比例，也可以拖动裁剪框改变画面的大小，但裁剪比例不会发生变化。

通过拖动裁剪比例上方的滑块可以调整画面的旋转角度，拖动滑块使画面顺时针或逆时针旋转，如图 4-33 所示。在完成裁剪操作后，可以点击右下角的 ✓ 按钮保存操作；若不满意裁剪效果，可以点击左下角的【重置】按钮。

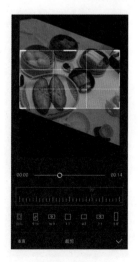

图 4-32   图 4-33

3. 使用"画中画"功能

剪映的"画中画"功能可以让不同的素材出现在同一个画面中，帮助大家制作创意视频，如一人分饰两角或是营造隔空对唱的场景效果。

添加一段视频素材后，在未选中素材的状态下，点击底部工具栏中的【画中画】按钮，如图 4-34 所示。接着点击【新增画中画】按钮，如图 4-35 所示。

图 4-34

图 4-35

执行上述操作后会打开素材添加界面，在界面中选择另一段视频素材，然后点击【添加】按钮，如图 4-36 所示。双指拉伸新增的画中画素材，调整到合适的大小后，可以将其移动到视频画面的任意位置，如图 4-37 所示。

图 4-36

图 4-37

4. 画面镜像调整

通过剪映中的镜像功能，可以轻松地将视频画面翻转。在轨道区域中选中素材，然后点击底部工具栏中的【编辑】按钮，如图 4-38 所示。接着点击【镜像】按钮，即可镜像翻转素材画面，如图 4-39 所示。

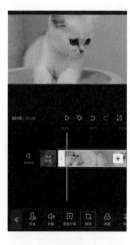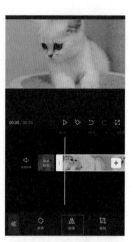

图 4-38　　　　　　　　　　　　图 4-39

4.1.3　视频调色

对视频素材进行剪辑处理后，可以对视频画面进行色调的调整，通过色调调整能够有效改善视频画面的单薄感。在剪映中可以通过手动调整亮度、对比度、饱和度等色彩参数，来营造想要的画面效果。选中一段视频素材，点击底部工具栏中的【调节】按钮，如图 4-40 所示，打开其功能列表，即可进行相应的色调调整，如图 4-41 所示。

图 4-40　　　　　　　　　　　　图 4-41

若在未选中素材的状态下进行色调调整，会在轨道区域生成一段可调整时长和位置的色彩调节素材，如图 4-42 所示。

图 4-42

【调节】功能列表中包含亮度、对比度、饱和度、锐化、高光 / 阴影、色温、色调和褪色等色彩调节选项，下面分别予以详细介绍。

- 亮度：用于调整画面的明亮程度。数值越大，画面越明亮。
- 对比度：用于调整画面黑与白的比值。数值越大，从黑到白的渐变层次就越多，色彩的表现也会更加丰富。
- 饱和度：用于调整画面色彩的鲜艳程度。数值越大，画面饱和度越高，色彩就越鲜艳。
- 锐化：用来调整画面的锐化程度。数值越大，画面细节越丰富。
- 高光 / 阴影：用来改善画面中的高光或阴影部分。
- 色温：用来调整画面中色彩的冷暖倾向。数值越大，画面越偏向于暖色；数值越小，画面越偏向于冷色。
- 色调：用来调整画面中色彩的颜色倾向。
- 褪色：用来调整画面中颜色的附着程度。

4.1.4　添加特效和滤镜

为视频添加各种各样的特效和滤镜，可以让视频更加吸引观众的眼球。下面分别介绍添加特效和滤镜的方法。

1. 添加特效

在创建剪辑项目并添加视频素材后，将时间线定位至需要出现特效的时间点，在未选中素材的状态下，点击底部工具栏中的【特效】按钮，如图 4-43 所示。弹出下一级工具栏，有两个选项，这里选择【画面特效】选项，如图 4-44 所示。进入特效列表，在特效列表中点击任意一种效果，即可应用该效果，如图 4-45 所示。若不再需要特效，点击 ⊘ 按钮即可取消特效的应用。

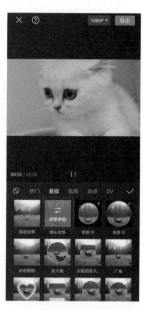

图 4-43　　　　　　　　　图 4-44　　　　　　　　　图 4-45

　　另外，剪映还提供了贴纸特效。添加了视频或图像素材后，在未选中素材的状态下，点击底部工具栏中的【贴纸】按钮，如图 4-46 所示。弹出下一级工具栏，点击【添加贴纸】按钮，如图 4-47 所示。此时在打开的贴纸列表中可以看到不同类别的贴纸特效，点击任意一种贴纸效果即可应用该贴纸特效，如图 4-48 所示。

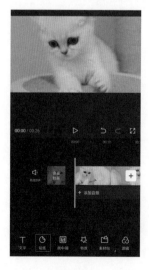
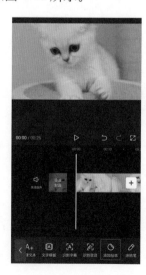
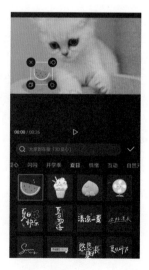

图 4-46　　　　　　　　　图 4-47　　　　　　　　　图 4-48

2. 添加滤镜

合适的滤镜可以让视频看起来更加美观。剪映为用户提供了多种滤镜效果，合理运用这些滤镜，可以模拟出各种艺术效果。

点击底部工具栏中的【滤镜】按钮，如图4-49所示。进入滤镜列表，点击其中一款滤镜效果，将其应用到所选视频，通过拖动列表上方的滑块可以改变滤镜的强度，如图4-50所示。操作完成后点击右下角的✔按钮，即可完成滤镜的添加。

图 4-49

图 4-50

4.1.5 应用转场效果

视频转场也称为视频过渡或视频切换，使用转场效果可以使一个场景自然地转换到下一个场景。利用好转场效果可以实现镜头的切换，推进故事的进程，避免两个镜头之间产生突兀的跳动。

在轨道区域中添加两段素材之后，通过点击素材中间的┃按钮，可以打开转场列表，如图4-51和图4-52所示。转场列表中包含【基础】、【运镜】和【幻灯片】等不同类别的转场效果。

图 4-51

图 4-52

在剪映中，还可以通过添加动画来切换场景。在轨道区域中选择一段素材，然后在底部的工具栏中点击【动画】按钮，如图 4-53 所示。动画效果包括【入场动画】、【出场动画】和【组合动画】，如图 4-54 所示。点击一种动画效果后进入对应的动画列表，点击任意效果可以将其应用到画面中，如图 4-55 所示。

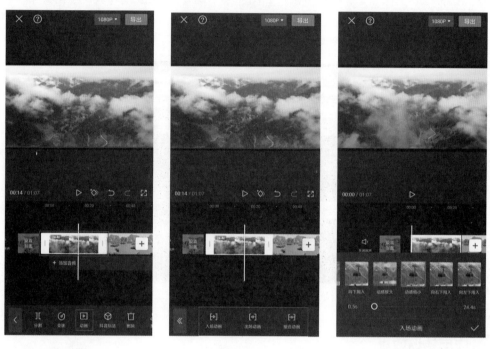

图 4-53   图 4-54   图 4-55

4.1.6 添加音频与字幕

抖音短视频掀起了一股音乐短视频的热潮。一个完整的短视频，往往由画面、音乐和字幕组成，配乐和字幕赋予了视频故事性，它们承载的信息量足以挽救一段平淡无奇的视频内容。音乐搭配字幕，还可以将视频中想要表达的信息准确地传达给观众，帮助观众更好地理解和接受视频的内容。下面分别介绍添加音频和字幕的操作方法。

1. 添加音频

剪映的音乐素材库中提供了许多不同类型的音乐和音效，用户可以自由地使用这些音乐素材。将时间线定位至需要添加音频的时间点，在未选中素材的状态下，点击轨道区域中的【添加音频】按钮，或点击底部工具栏中的【音频】按钮，如图 4-56 所示。底部工具栏会变换为音频工具栏，工具栏中包括【音乐】、【音效】、【提取音乐】、【抖音收藏】和【录音】等功能，如图 4-57 所示。

图 4-56　　　　　　　　　　　　　　图 4-57

　　点击【音乐】按钮或【音效】按钮，可以进入剪映的音乐素材库，如图 4-58 所示。该素材库中对音乐进行了细致的分类，用户可以根据音乐类别来快速选择适合自己短视频基调的背景音乐。点击需要的音乐类别，然后点击任意一首音乐，即可试听。通过点击音乐素材右侧的功能按钮，可以对音乐素材进行收藏、下载和使用等操作，如图 4-59 所示。下载完音乐后，点击【使用】按钮，即可将音乐添加到剪辑项目中，如图 4-60 所示。

图 4-58　　　　　　　　　　图 4-59　　　　　　　　　　图 4-60

2. 添加字幕

在创建剪辑项目并添加素材后，在未选中素材的状态下，点击底部工具栏中的【文字】按钮，如图 4-61 所示。再点击【新建文本】按钮，如图 4-62 所示。

图 4-61

图 4-62

此时将弹出输入键盘，用户可以根据实际需求输入文字，文字内容将同步显示在预览区域中，完成后点击☑️按钮，如图 4-63 所示。即可在轨道区域中生成文字素材，如图 4-64 所示。

图 4-63

图 4-64

4.1.7　范例应用——制作空间倒置效果

空间倒置效果有强烈的空间感和科幻感，使制作的视频更加具有特色。本例将通过使用剪映的镜像、旋转和裁剪等功能，制作出空间倒置特效。

<< 扫码获取配套视频课程，本节视频课程播放时长约为1分58秒。

 配套素材路径：配套素材\第4章
素材文件名称：海上日落.mov

操作步骤

Step 01 打开剪映App，点击主界面中的【开始创作】按钮，进入素材添加界面，选择"海上日落.mov"视频素材，将该视频素材添加至剪辑项目中，如图4-65所示。

Step 02 进入编辑界面后，在轨道区域中选中视频素材，然后在预览区域中将素材向下适当拖动一段距离，如图4-66所示。

图4-65

图4-66

Step 03 在未选中素材的情况下，点击底部工具栏中的【画中画】按钮，然后点击【新增画中画】按钮，进入素材添加界面，再次选择"海上日落.mov"视频素材，点击【添加到项目】按钮，将其添加至剪辑项目中，如图4-67所示。

Step 04 在预览区域使用双指缩放调整视频画面，使其适合画布大小，如图4-68所示。

图 4-67

图 4-68

Step 05. 选中第二次添加的视频素材，在底部工具栏中点击【编辑】按钮，然后在编辑选项栏中点击两次【旋转】按钮，将画面倒置，如图 4-69 所示。

Step 06. 在底部工具栏中点击【镜像】按钮，将画面翻转，如图 4-70 所示。

图 4-69

图 4-70

Step 07. 点击【裁剪】按钮，进入裁剪界面，在【自由】模式下，拖动裁剪框对画面进行裁剪，完成操作后点击右下角的✓按钮，如图 4-71 所示。

Step 08. 此时的画面效果如图 4-72 所示。

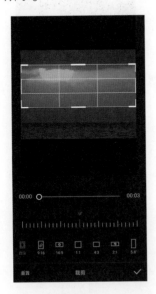

图 4-71

图 4-72

Step 09. 在预览区域，拖动被裁剪的对象以及原视频，调整至合适位置，使两个画面较好地拼合在一起，如图 4-73 所示。

Step 10. 在未选中素材的状态下，点击底部工具栏中的【贴纸】→【添加贴纸】按钮，在打开的贴纸列表中选择喜欢的贴纸，并将其调整到合适的大小及位置，完成操作后点击✓按钮，如图 4-74 所示。

图 4-73

图 4-74

Step 11. 按住贴纸素材尾部的滑块按钮并向右拖动，使其与上方视频素材的尾端对齐，如图 4-75 所示。

Step 12. 完成所有操作后，点击视频编辑界面右上角的【导出】按钮，将视频导出到手机相册，即可完成制作空间倒置效果，如图 4-76 所示。

图 4-75

图 4-76

4.1.8 范例应用——制作三屏效果

在短视频时代，竖屏视频比横屏视频更符合人们的观看习惯。对于一些经常拍摄横屏视频的创作者来说，将横屏直接转换为竖屏后，不仅会出现难看的黑边，还不能全面地展现画面的内容，针对这种情况，可以进行三屏化处理。三屏效果是抖音短视频平台上比较火的一种视频形式，这种视频形式不仅能摆脱难看的黑边，还能为观众营造出震撼的视觉效果。下面详细介绍制作三屏效果的操作方法。

<< 扫码获取配套视频课程，本节视频课程播放时长约为 2 分 2 秒。

配套素材路径：配套素材\第4章
素材文件名称：鹦鹉.mp4

・・・・・・ 操 作 步 骤 ・・・・・・

Step 01. 打开剪映 App，点击主界面中的【开始创作】按钮，进入素材添加界面，选择"鹦鹉 .mp4"视频素材，将该视频素材添加至剪辑项目中，进入视频编辑界面后，在未选中素材的状态下，点击底部工具栏中的【比例】按钮，如图 4-77 所示。

Step 02. 此时系统会打开比例选项栏，选择 9：16 选项，如图 4-78 所示。

图 4-77

图 4-78

Step 03 首先在轨道区域中选择视频素材，然后在预览区域中将素材画面适当放大，如图 4-79 所示。

Step 04 返回上一级底部工具栏，在未选中素材的状态下，点击底部工具栏中的【滤镜】按钮，如图 4-80 所示。

图 4-79

图 4-80

Step 05 在打开的滤镜选项栏中选择【晴空】滤镜，完成后点击 ✓ 按钮，如图 4-81 所示。

图 4-81

Step 07 回到剪映主界面，点击【开始创作】按钮，如图 4-83 所示。

图 4-83

Step 06 选择滤镜素材并按住素材尾部的滑块按钮向右拖动，使其与视频素材的尾部对齐。完成上述操作后，点击视频编辑界面右上角的【导出】按钮，将视频导出到手机相册中，如图 4-82 所示。

图 4-82

Step 08 进入素材添加界面，选择刚刚导出到手机相册中的视频，再点击【添加】按钮，将素材添加至剪辑项目中，如图 4-84 所示。

图 4-84

Step 09 进入视频编辑界面后，将时间线定位至起始位置，在未选中素材的状态下，点击底部工具栏中的【特效】按钮，如图 4-85 所示。

Step 10 在特效选项栏中选择【画面特效】选项，如图 4-86 所示。

图 4-85

图 4-86

Step 11 打开特效列表，点击【分屏】特效栏中的【三屏】效果，完成后点击 ✓ 按钮，如图 4-87 所示。

Step 12 在轨道区域中选择【三屏】特效素材，按住素材尾部的滑块按钮并向右拖动，使特效素材的尾部与视频素材的尾部对齐，如图 4-88 所示。

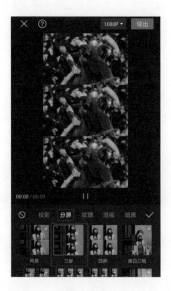

图 4-87

图 4-88

Step 13. 完成所有操作后，点击视频编辑界面右上角的【导出】按钮，将视频导出到手机相册中。最终制作的视频画面效果如图 4-89 和图 4-90 所示。

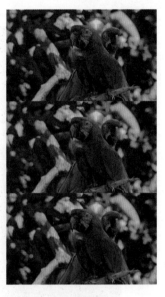

图 4-89

图 4-90

4.2 全能的视频剪辑工具——爱剪辑

爱剪辑是全民流行的视频剪辑软件，支持 AI 自动加字幕、调色、去水印、横屏转竖屏等齐全的剪辑功能，且其诸多创新功能和影院级特效，也使它成为超易用、强大的视频剪辑软件。

4.2.1 快速剪辑视频

作为一款视频剪辑软件，爱剪辑创新的人性化界面不仅让用户能够快速上手视频剪辑，无须花费大量的时间来学习；且爱剪辑超乎寻常的启动速度、运行速度，也使用户在视频剪辑的过程中更加快速，得心应手。下面详细介绍如何使用爱剪辑快速剪辑视频。

················· 操作步骤 ·················

Step 01. 启动爱剪辑软件，❶ 选择【视频】选项卡，❷ 单击【添加视频】按钮 🔲✚ 添加视频 ，如图 4-91 所示。

Step 02. 弹出【请选择视频】对话框，❶ 选择准备进行剪辑的视频，❷ 单击【打开】按钮 打开(O) ，如图 4-92 所示。

图 4-91

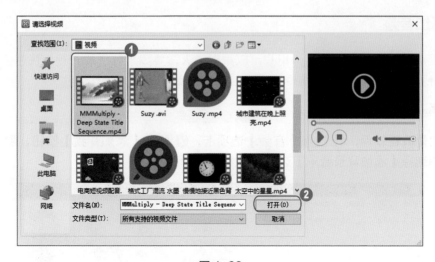

图 4-92

Step 03. 弹出【预览 / 截取】对话框，❶ 播放浏览视频，分别确定开始时间和结束时间，单击其右侧的【拾取】按钮 ⏺，即可快速获取上方播放的视频所在的当前时间点，❷ 单击【播放截取的片段】按钮，可以播放预览截取后的视频内容，❸ 选择【魔术功能】选项卡，如图 4-93 所示。

Step 04. 进入【魔术功能】界面，❶ 单击【对视频施加】右侧的下拉按钮 ▾，❷ 在弹出的下拉列表中可以根据需要设置各种效果，❸ 单击【确定】按钮，即可完成使用爱剪辑快速剪辑视频的操作，如图 4-94 所示。

图 4-93   图 4-94

4.2.2 添加音频

　　使用爱剪辑软件添加视频后，用户可以根据个人需要添加好听的音频，快速为要剪辑的视频配上背景音乐可获得相得益彰的效果。下面介绍添加音频的操作方法。

Step 01. 启动爱剪辑软件，❶ 选择【音频】选项卡，❷ 单击【添加音频】按钮，❸ 在弹出的下拉列表中选择【添加背景音乐】选项，如图 **4-95** 所示。

图 4-95

Step 02. 弹出【请选择一个背景音乐】对话框，❶ 选择准备添加的音频文件，❷ 单击【打开】
按钮 打开(O) ，如图 **4-96** 所示。

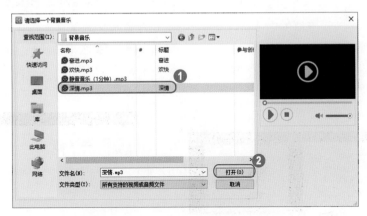

图 4-96

Step 03. 弹出【预览 / 截取】对话框，❶ 在【此音频将被默认插入到】区域下方选中【最终影
片的 0 秒开始处】单选按钮，❷ 在【截取】区域，用户可以根据个人需要对音频进行相应的
截取，❸ 单击【确定】按钮，即可完成添加音频的操作，如图 **4-97** 所示。

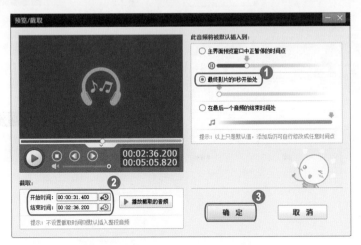

图 4-97

4.2.3　添加字幕

　　剪辑视频时，我们经常需要为视频添加字幕，使剪辑的视频表达情感或叙事更直接。爱
剪辑除了为用户提供不胜枚举的常见字幕特效，还能通过【字幕特效】栏目的个性化设置，
实现更多特色字幕效果，让用户发挥创意不再受限于技能和时间，轻松制作出好莱坞大片范
的视频作品。下面详细介绍为视频添加酷炫字幕特效的操作方法。

····················· 操作步骤 ·····················

Step 01 ❶ 在主界面中选择【字幕特效】选项卡，❷ 在右上角视频预览框的时间进度条上，单击要添加字幕特效的时间点，将时间进度条定位到要添加字幕特效处，❸ 双击视频预览框，如图 4-98 所示。

图 4-98

Step 03 弹出【请选择一个音效】对话框，❶ 选择准备使用的音效音频，❷ 单击【打开】按钮，如图 4-100 所示。

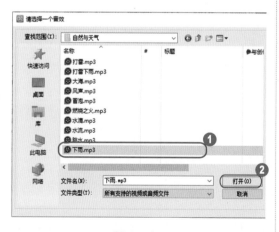

图 4-100

Step 02 弹出【编辑文本】对话框，❶ 在【请在下方输入文本】文本框中输入准备添加的字幕内容，❷ 在【顺便配上音效】区域下方单击【浏览】按钮，为字幕特效配上音效，如图 4-99 所示。

图 4-99

Step 04 返回到【编辑文本】对话框，可以看到添加的音效路径，单击【确定】按钮，如图 4-101 所示。

图 4-101

Step 05 返回到主界面中，❶ 确保在视频预览框中选中要添加字幕特效的字幕，使其处于带方框的编辑状态，❷ 在【字幕特效】面板左边【出现特效】、【停留特效】、【消失特效】的相应字幕特效列表中，选择准备使用的字幕特效，这里选择【出现特效】，❸ 在【好莱坞大片特效类】区域下方选中【缤纷秋叶】复选框，❹ 在【字体设置】栏目下方，设置字体、大小、排列、对齐、渐变等样式，❺ 单击【播放试试】按钮，如图 4-102 所示。

图 4-102

Step 06 此时在视频预览框中即可看到制作的炫酷字幕特效，这样即可完成为视频添加炫酷字幕特效的操作，如图 4-103 所示。

图 4-103

知识拓展

选中字幕，使其处于可编辑状态后，可通过拖曳自由调整字幕的位置，同时，也可通过上、下、左、右方向键，精准到像素级别的调整。

4.2.4 添加叠加素材

在爱剪辑中，添加叠加素材是指在视频画面中添加贴图、添加相框和去除水印。选择【叠加素材】选项卡后，在面板左侧可以选择素材类型，包括【加贴图】、【加相框】和【去水印】，如图 4-104 所示。下面分别予以详细介绍。

1. 加贴图

双击视频预览区域，在打开的【选择贴图】对话框中可以选择不同风格的贴图，如古韵中国风、现代杂志风和搞笑影视贴图等，如图 4-105 所示。选择需要添加的贴图，然后单击

【确定】按钮，即可在视频中添加贴图，如图 4-106 所示。添加了贴图后，可以在【加贴图】列表中选择贴图特效，在列表右侧的【贴图设置】区域中可设置特效的持续时长、透明度和摆放位置等。

图 4-104

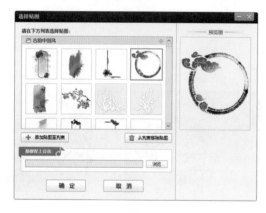

图 4-105

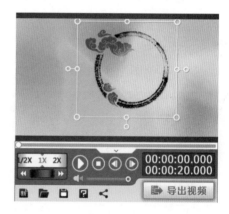

图 4-106

2. 加相框

单击【加相框】按钮后，在相框列表中选择需要添加的相框，然后单击【添加相框效果】按钮，在弹出的下拉列表中可以选择【为当前片段添加相框】、【指定时间段添加相框】选项，如图 4-107 所示。添加了相框后，可以在【相框设置】区域修改相框的显示时间段、透明度和淡入淡出效果。如果想要删除添加的相框，单击【所有叠加素材】区域中的【删除】按钮🗑即可，如图 4-108 所示。

3. 去水印

单击【去水印】按钮，再单击【添加去水印区域】按钮，在弹出的下拉列表中可以选择【为当前片段去水印】、【指定时间段去水印】选项，如图 4-109 所示。选择合适的选项后，会弹出【选取时间段与区域】对话框，在视频预览区域拖动矩形框至水印出现的位置，使其完全遮住水印，单击【确定】按钮即可去除水印，如图 4-110 所示。

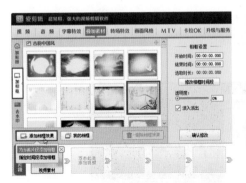

图 4-107

图 4-108

图 4-109

图 4-110

在【去水印设置】区域可以选择水印的去除方式，包括【模糊式】、【动感模糊式】、【腐蚀式】、【马赛克式】、【磨砂式】和【网格式】等方式，如图 4-111 所示。

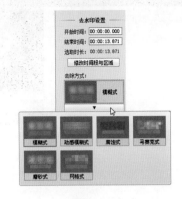

图 4-111

4.2.5　添加转场特效

在爱剪辑中添加转场特效的方法十分简单，添加两段视频素材，并选中第二段视频素材，选择【转场特效】选项卡，在打开的面板中选择需要的转场特效后，再单击【应用/修改】按钮，即可应用该转场特效，如图 4-112 所示。应用转场特效后，在【转场设置】区域中可以修改特效的时长。

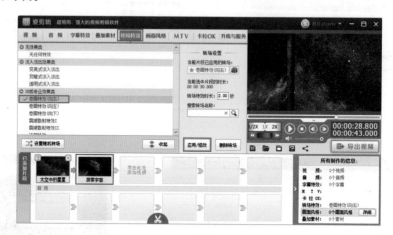

图 4-112

4.2.6 调整画面风格

爱剪辑中的【画面风格】分为【画面】、【美化】、【滤镜】和【动景】等部分。单击【画面】按钮，可以设置画面效果，如选择【自由旋转】画面效果，再单击【添加风格效果】按钮，视频画面会产生旋转的效果，在【时间设置】和【效果设置】区域中还可以调整更多的相关参数，如图 4-113 所示。

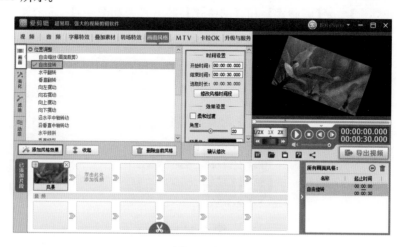

图 4-113

【美化】和【滤镜】可以改变画面的整体色调和效果，而【动景】则可以在画面中添加动画效果，如图 4-114 所示。

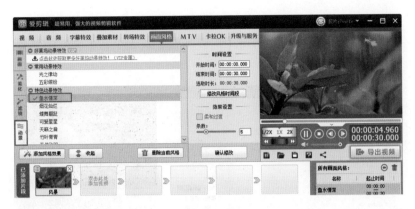

图 4-114

4.2.7 范例应用——制作酷炫的动态文字

如果使用专业的视频特效设计软件制作动态文字，如 After Effects，不仅难度大，还比较费时间。使用爱剪辑，只需要几分钟就可以制作出令人满意的动态文字效果。下面讲解其具体的制作方法。

<< 扫码获取配套视频课程，本节视频课程播放时长约为 1 分 22 秒。

配套素材路径：配套素材\第4章
素材文件名称：西瓜.mp4

Step 01 启动爱剪辑软件，进入视频编辑界面，将素材文件夹中的"西瓜.mp4"视频拖动到【双击此处添加视频】区域，然后在打开的【预览 / 截取】对话框中单击【确定】按钮，添加该视频，如图 4-115 所示。

Step 02 双击视频预览区域，在弹出的【编辑文本】对话框中输入"美味的西瓜"，输入文字后，单击【确定】按钮，如图 4-116 所示。

图 4-115

图 4-116

Step 03 选中视频预览区域中的文字，在【字体设置】区域中设置字体为【隶书】，【大小】为 100。然后在【字幕特效】面板中单击【出现特效】按钮，在【酷炫动感类】列表中选择【酷炫动感光芒】特效，如图 4-117 所示。

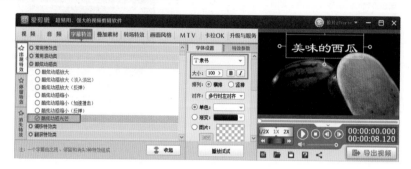

图 4-117

Step 04 切换到【停留特效】中，在【新奇特效类】列表中选择【水珠滚动效果】特效，然后在【特效参数】区域中设置【特效时长】为 3 秒，如图 4-118 所示。

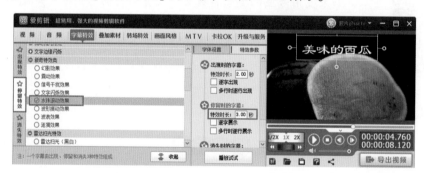

图 4-118

Step 05 切换到【消失特效】中，在【动感幻影类】列表中选择【动感幻影】特效，如图 4-119 所示。

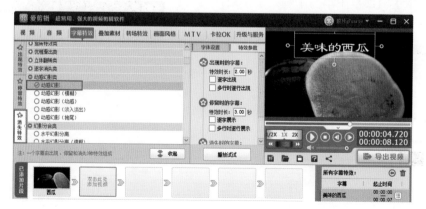

图 4-119

Step 06　动态文字效果制作完成后，单击视频预览区下方的【导出视频】按钮导出视频，最终效果如图 4-120 所示。

图 4-120

4.2.8　范例应用——制作推镜静止效果

　　在一些短视频中，我们经常会看到画面突然静止并放大的效果，这种效果可以突出场景的细节。本例详细介绍使用爱剪辑制作推镜静止效果的操作方法。

<< 扫码获取配套视频课程，本节视频课程播放时长约为 2 分 14 秒。

配套素材路径：配套素材\第4章
素材文件名称：风景.mp4

　操作步骤

Step 01　启动爱剪辑软件，进入视频编辑界面，将本例素材文件夹中的"风景.mp4"视频拖动到【双击此处添加视频】区域，在打开的【预览/截取】对话框中单击【确定】按钮，添加该视频，如图 4-121 所示。

图 4-121

Step 02　在视频预览区域中将时间调整到需要添加推镜效果的画面，按 Ctrl+Q 组合键快速分割视频，如图 4-122 所示。

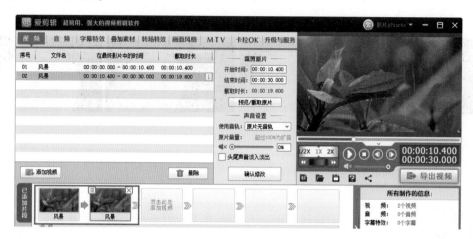

图 4-122

Step 03. ❶ 选择分割后的第二个片段，❷ 切换到【画面风格】选项卡，❸ 在【画面】面板中选择【自由缩放（画面裁剪）】效果，❹ 单击【添加风格效果】按钮，❺ 在【效果设置】区域中修改【缩放】为 30，放大画面效果，并选中【柔和过渡】复选框，❻ 单击【确认修改】按钮，如图 4-123 所示。

图 4-123

Step 04. 在视频预览区域中将时间调整到需要定格的画面，按 Ctrl+Q 组合键分割视频，如图 4-124 所示。

Step 05. ❶ 双击分割后的第三个片段，❷ 在打开的【预览 / 截取】对话框中选择【魔术功能】选项卡，❸ 设置【对视频施加】为【定格画面效果】，单击【定格时间点】右侧的 🔄 按钮，获取当前播放的时间点，修改【定格】为 1 秒，❹ 单击【确定】按钮，如图 4-125 所示。

Step 06. ❶ 选择分割后的第三个片段，❷ 切换到【叠加素材】选项卡，❸ 单击【加贴图】按钮，❹ 在视频预览区域双击，如图 4-126 所示。

图 4-124

图 4-125

图 4-126

Step 07. ❶ 在打开的【选择贴图】对话框中选择需要的贴图，❷ 单击【确定】按钮，将贴图添加到视频画面中，如图 4-127 所示。

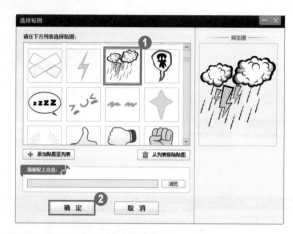

图 4-127

Step 08. ❶ 在视频预览区域中调整贴图的大小和位置，❷ 在左侧特效列表中选中【无效果】复选框，❸ 在【贴图设置】区域中设置【持续时长】为 0.5 秒，如图 4-128 所示。

图 4-128

Step 09. ❶ 选择第三个片段，❷ 切换到【音频】选项卡，❸ 单击【添加音频】按钮，如图 4-129 所示。

Step 10. ❶ 在打开的对话框中找到名为"自然与天气"的文件夹，❷ 选择"打雷下雨 .mp3"音效，❸ 单击【打开】按钮，为贴图添加音效，如图 4-130 所示。

Step 11. 弹出【预览 / 截取】对话框，❶ 选中【主界面预览窗口中正暂停的时间点】单选按钮，❷ 单击【确定】按钮，如图 4-131 所示。

Step 12. 视频制作完成后，单击【导出视频】按钮导出视频，最终效果如图 4-132 所示。

图 4-129

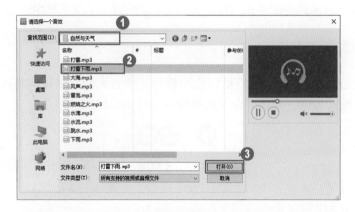

图 4-130

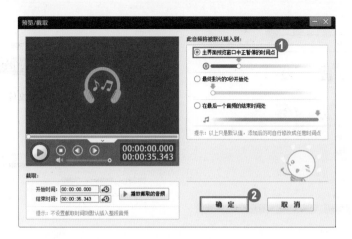

图 4-131

图 4-132

4.3 音 / 视频格式转换工具——格式工厂

格式工厂是一款免费的、多功能的多媒体文件转换工具。格式工厂功能强大，可以帮助用户简单快速地转换需要的视频文件格式。不仅如此，格式工厂软件操作简便，用户安装后就可以使用，为用户带来快速简便的使用体验。本节将详细介绍格式工厂的相关知识及使用方法。

4.3.1 转换视频文件格式

格式工厂的视频支持格式十分广泛，几乎囊括了所有类型的多媒体格式。下面以将视频格式转换为 MP4 格式为例，来详细介绍转换视频文件格式的操作方法。

·········· 操作步骤 ··········

Step 01 启动并运行格式工厂软件，❶ 选择【视频】栏目，❷ 单击 MP4 按钮，如图 4-133 所示。

Step 02 弹出 MP4 对话框，单击【添加文件】按钮，如图 4-134 所示。

图 4-133

图 4-134

Step 03. 弹出【请选择文件】对话框，❶ 选择准备进行转换的视频文件，❷ 单击【打开】按钮，如图 4-135 所示。

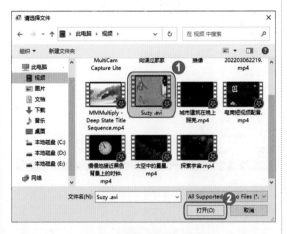

图 4-135

Step 05. 弹出 Please select folder 对话框，❶ 选择准备导出转换视频的文件夹位置，❷ 单击【选择文件夹】按钮，如图 4-137 所示。

图 4-137

Step 07. 返回到格式工厂软件主界面中，可以看到已经设置好的准备转换的视频，单击【开始】按钮，如图 4-139 所示。

Step 04. 返回到 MP4 对话框中，可以看到要进行转换的视频文件，单击下方【输出目录】右边的【文件夹】按钮，如图 4-136 所示。

图 4-136

Step 06. 返回到 MP4 对话框中，可以看到输出文件夹位置已被改变，单击右下角的【确定】按钮，如图 4-138 所示。

图 4-138

Step 08. 视频正在转换中，需要在线等待一段时间，如图 4-140 所示。

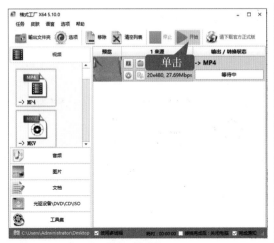

图 4-139

Step 09 视频转换完成后，会在系统桌面右下角弹出一个任务完成提示框，用户可以选中转换的视频文件，单击【打开输出文件夹】按钮，如图 4-141 所示。

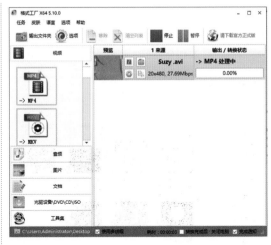

图 4-140

Step 10 打开转换后的视频所在的文件夹，可以看到已经转换完成的视频文件，这样即可完成转换视频文件格式的操作，如图 4-142 所示。

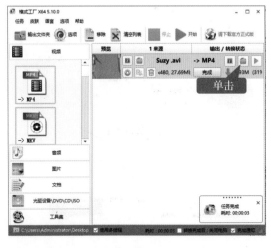

图 4-141

图 4-142

4.3.2　视频合并混流

格式工厂除了可以对各种视频、音频和图片文件进行格式转换，还有很多方便快捷的附加功能。格式工厂的"视频合并 & 混流"功能可以快速将视频、图片以及音频混流合并到一起，即使没有专业的知识，也可以对音频与视频进行混流合并操作，从而快速制作出一个短视频。下面详细介绍其操作方法。

操作步骤

Step 01. 启动格式工厂软件，❶ 在左侧选择【视频】栏目，❷ 单击【视频合并 & 混流】按钮，如图 4-143 所示。

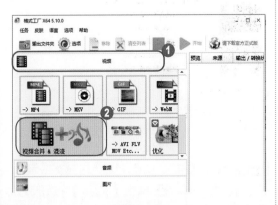

图 4-143

Step 02. 弹出【视频合并 & 混流】对话框，❶ 设置输出格式为 MP4，❷ 选择【视频】选项卡，❸ 单击【添加文件】按钮，如图 4-144 所示。

图 4-144

Step 03. 弹出【请选择文件】对话框，❶ 选择准备使用的视频文件，❷ 单击【打开】按钮，如图 4-145 所示。

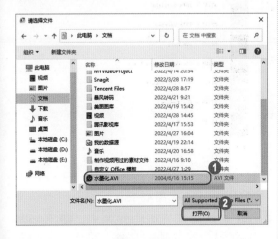

图 4-145

Step 04. 返回到【视频合并 & 混流】对话框，可以看到刚刚选择的视频文件，单击【添加图片】按钮，如图 4-146 所示。

图 4-146

Step 05. 弹出【请选择文件】对话框，❶ 选择准备使用的图片文件，❷ 单击【打开】按钮，如图 4-147 所示。

Step 06. 返回到【视频合并 & 混流】对话框，可以看到刚刚选择的图片文件，选择【音频】选项卡，如图 4-148 所示。

图 4-147

图 4-148

Step 07. 进入音频选择界面，单击【从音乐库添加】按钮，如图 4-149 所示。

Step 08. 弹出【音乐库】对话框，❶ 选择准备应用的音频，❷ 单击【应用】按钮，如图 4-150 所示。

图 4-149

图 4-150

Step 09. 可以看到刚刚选择的音频已被添加到音频项目中，单击【确定】按钮，如图 4-151 所示。

Step 10. 返回到软件的主界面中，❶ 在右侧选中刚刚创建的项目文件，可以看到显示"等待中"状态，❷ 单击【开始】按钮，如图 4-152 所示。

图 4-151

图 4-152

Step 11. 视频合并混流完成后，会显示制作的视频大小等信息，单击【播放】按钮，如图 4-153 所示。

Step 12. 系统会自动以 FormatPlayer 播放器播放制作的短视频，这样即可完成使用"视频合并 & 混流"功能快速剪辑一个短视频，如图 4-154 所示。

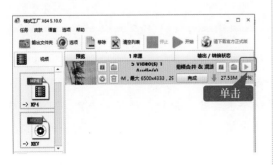

图 4-153

图 4-154

知识拓展

使用格式工厂可以转换音 / 视频文件，也可以对图片格式进行转换。在【图片】栏目中选择要转换的类型，在弹出的对话框中选择要添加的文件或文件夹，设置好图片参数，单击【确定】按钮即可。

4.3.3 修复损坏的视频文件

在遇到损坏的视频时，可以使用格式工厂为该视频进行格式转换，而在转换的过程中格式工厂会对视频进行修复，但这种修复可能存在一定的信号损失，所以在转码过程中，参数设置很重要。如在 4.3.1 小节的 MP4 对话框中单击【输出配置】按钮，即可弹出【视频设置】对话框，可以在这里进行详细的参数设置，如图 4-155 所示。

图 4-155

4.3.4 范例应用——使用格式工厂去除水印

有时用户在网上下载了一个很喜欢的视频，很想拿来用，可是视频上加上了水印，这时就可以使用格式工厂将水印去除。本例详细介绍使用格式工厂去除水印的操作方法。

<< 扫码获取配套视频课程，本节视频课程播放时长约为 1 分 2 秒。

配套素材路径：配套素材\第4章
素材文件名称：海上日落.mp4

·········· 操 作 步 骤 ··········

Step 01 启动并运行格式工厂软件，❶ 选择【视频】栏目，❷ 单击【去除水印】按钮，如图 4-156 所示。

Step 02 弹出【请选择文件】对话框，❶ 选择本例准备去除水印的视频素材文件"海上日落.mp4"，❷ 单击【打开】按钮，如图 4-157 所示。

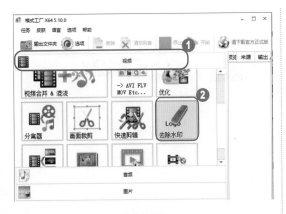

图 4-156

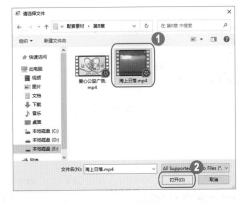

图 4-157

Step 03 进入视频编辑界面，❶ 在【选择区域操作】下拉列表框中选择【去除水印】选项，❷ 在视频编辑区域移动红色的方框，调整其大小和位置，框选视频水印，❸ 单击【确定】按钮，如图 4-158 所示。

图 4-158

Step 04 打开 MP4 对话框，❶ 设置导出视频的输出位置，❷ 单击【确定】按钮，如图 4-159 所示。

Step 05 返回到软件的主界面，可以看到已经设置好并要进行导出的视频文件，单击【开始】按钮，即可开始导出去除水印后的视频文件，如图 4-160 所示。

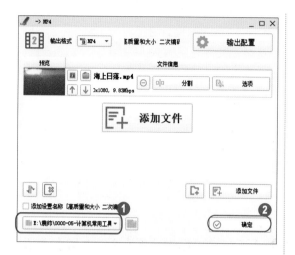

图 4-159

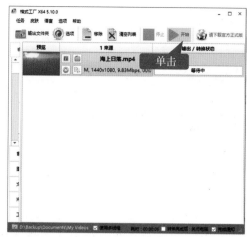

图 4-160

第 **5** 章

音频制作与特效处理

在新媒体平台中，除了有图文、短视频等形式的平台外，也有纯音频形式的平台。如果有喜欢语音表达的创作者，可以在音频类新媒体平台上创建属于自己的电台节目，用声音吸引观众，塑造个人品牌。本章将详细介绍音频制作与特效处理的方法。

5.1 专业的配音工具——讯飞配音

讯飞配音是一款配音软件，用户可以通过软件为自己制作一些语音文件。例如用户在文本区域输入一段广告词，软件就会根据广告词自动生成一段对应的语音文件，然后用户可以将该音频文件作为自己的推广资源。本节将详细介绍讯飞配音的使用方法。

5.1.1 合成配音

使用手机下载并启动讯飞配音 App 后，打开其首页。在首页不仅可以选择配音的类型，还可以试听各种类型的样音。点击首页中的【合成配音】按钮，如图 5-1 所示。进入【选择合成配音类型】界面，点击【立即制作】按钮，如图 5-2 所示。

图 5-1   图 5-2

进入【普通配音】界面，用户可以在文本区域输入或粘贴需要配音的文字，也可以点击界面下方的【文本范例】按钮，如图 5-3 所示。在打开的界面中可以选择各种类型的文本范例，如节日活动、美食餐饮、超市烟酒等。点击文本范例右侧的【选择】按钮，再点击【确定，代入范例文字】按钮，如图 5-4 所示。

将选择的文本范例添加到文本区域后，选择一个配音主播，然后点击【下一步】按钮，如图 5-5 所示。弹出【作品名称】对话框，输入名称，点击【确认】按钮，即可完成合成配音的操作，如图 5-6 所示。

图 5-3

图 5-4

图 5-5

图 5-6

5.1.2 真人配音

讯飞配音还可以使用真人主播的声音进行配音。点击首页中的【真人配音】按钮，如图 5-7 所示，进入【选择真人配音类型】界面，界面中列出了不同类型的真人主播的声音，点击选择合适的主播类型的声音，如图 5-8 所示。

图 5-7   图 5-8

进入该类型主播列表界面，点击列表中需要的真人主播，如图 5-9 所示。进入【主播详情】界面，界面中包含了该主播的作品列表，点击作品右侧的【播放】按钮，可以试听该主播的声音效果，点击【联系客服制作配音】按钮，如图 5-10 所示。系统会在下方弹出【微信客服】和【QQ 客服】选项，用户可以选择适合自己联系的客服方式，制作所选主播的配音内容，如图 5-11 所示。

图 5-9   图 5-10   图 5-11

5.1.3 范例应用——制作促销广告配音

讯飞配音提供各种合成配音服务，如广告配音、宣传片配音、儿童配音、地摊叫卖配音等。本例详细介绍使用讯飞配音中的"合成配音"功能制作促销广告配音的方法。

《《 扫码获取配套视频课程，本节视频课程播放时长约为 1 分 14 秒。

操 作 步 骤

Step 01. 打开讯飞配音 App 后，点击【合成配音】→【立即制作】按钮，在文本区域中输入文字内容，如图 5-12 所示。

Step 02. 点击需要停顿的位置，此时将显示光标，再点击【插入停顿 0.5s】按钮，插入停顿时间后，点击【完成并试听】按钮进行试听，如图 5-13 所示。

图 5-12

图 5-13

Step 03. 点击界面下方的配音主播头像，并选择适合的主播声音，然后点击【语调 50】按钮，如图 5-14 所示。

Step 04. 设置语调为 55，点击 ✓ 按钮，如图 5-15 所示。

图 5-14

Step 05 返回到上一界面，点击【选择音乐】按钮，如图 5-16 所示。

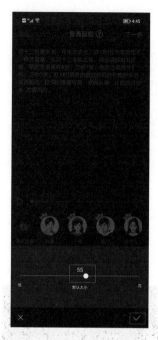

图 5-15

Step 06 选择【在线音乐】选项卡，然后选择【广告促销】类别中的【轻松欢快音乐 4】，应用该背景音乐，如图 5-17 所示。

图 5-16

图 5-17

Step 07. 音频制作完成，点击界面右上角的【下一步】按钮，如图 5-18 所示。

Step 08. 弹出【作品名称】对话框，输入名称，点击【确认】按钮，如图 5-19 所示。

图 5-18

图 5-19

Step 09. 系统提示正在制作中，用户需要在线等待一段时间，如图 5-20 所示。

Step 10. 进入【效果编辑】界面，在该界面中设置【主播音量】和【背景音量】，试听配音效果，然后点击【立即合成制作】按钮，即可完成促销广告配音的制作，如图 5-21 所示。

图 5-20

图 5-21

5.2 趣味语音制作工具——耳鼠变声器

耳鼠变声器是一款变声软件，包括手机安卓版和电脑版。它具有独特的变声功能，不仅支持调节自己的声音，还可以使用各种有趣的手机语音包，利用它可以实现男声女声灵活互变，还可以搭配语音包和背景音使用。本节将详细介绍耳鼠变声器的使用方法。

5.2.1 趣味变声

打开耳鼠变声器 App 后，会进入如图 5-22 所示的界面。点击【语音库】按钮，可以试听并收藏各种语音；点击【功能库】按钮，可以查看收藏和保存的语音，还可以将自己录制的声音变为有趣的视频。点击界面右上角的  按钮，进入【设置】界面，如图 5-23 所示。

图 5-22

图 5-23

点击【设置】界面中的【切换性别】按钮，可以选择【男生模式】或【女生模式】，如图 5-24 所示，不同的性别对应的变声效果也会不同；点击【录音方式】按钮，可以选择【长按录音】或【点击录音】方式，如图 5-25 所示。

如果想要录音，直接按住首页界面下方的【按住录音】按钮，出现时间计时后，便可开始录音，如图 5-26 所示。录音结束后，松开该按钮，或将手指向上滑动，即可结束录音。结束录音后，会进入调音台界面，在界面的【音效】面板中点击需要的变声效果，如图 5-27 所示，可以应用其声音效果。向上滑动界面，在【高级设置】区域中可以调整声音的【升降调】、【快慢速】和【平滑度】参数，如图 5-28 所示。

图 5-24

图 5-25

图 5-26

图 5-27

图 5-28

5.2.2　添加背景音并调整音效

为录制的声音添加变声效果后，切换至【背景音】面板，在这里可以为录制的声音添加背景音，包括【温馨】、【雷雨】、【工作】等场景音效。点击需要的音效后，还可以在界面下方调整【人声音量】和【背景音量】，如图 5-29 所示。添加完背景音后，切换至【均衡器】面板，调整声音的音调，包括【重低音】、【爵士】、【摇滚】等音调。如果不想使用特定的音调，可以点击【自定义】按钮，如图 5-30 所示。

图 5-29

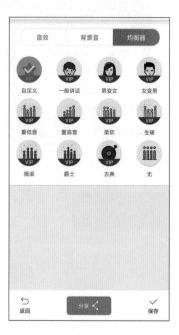

图 5-30

5.2.3 范例应用——制作趣味语音

耳鼠变声器可以将普通的声音变成搞怪的声音，从而给用户带来有趣的使用体验。本例以将普通的声音变为趣味的小宝宝声音为例，详细介绍使用耳鼠变声器制作趣味语音的方法。

<< 扫码获取配套视频课程，本节视频课程播放时长约为 1 分钟。

操作步骤

Step 01 打开耳鼠变声器 App，在录制语音之前点击界面右上角的 ⚙ 按钮，如图 5-31 所示。

Step 02 进入【设置】界面，点击【切换性别】按钮，选择对应的模式，如图 5-32 所示。

图 5-31

图 5-32

Step 03. 返回主界面，按住界面下方的【按住录音】按钮不动，开始录制语音，如图 5-33 所示。

Step 04. 录制完毕后松开手指，进入调音台界面，打开【音效】面板，在【变音】区域中选择【小宝宝】声音效果，在下方的【高级设置】区域中修改【升降调】、【快慢速】、【平滑度】等参数，如图 5-34 所示。

图 5-33

图 5-34

Step 05 切换到【背景音】面板，选择【滑稽】背景音，然后点击【保存】按钮，即可完成趣味语音的制作，如图 5-35 所示。

Step 06 返回主界面，点击【功能库】按钮，然后点击【我的声音】按钮，即可查看刚刚制作的语音效果，如图 5-36 所示。

图 5-35

图 5-36

第6章

微场景设计与辅助运营

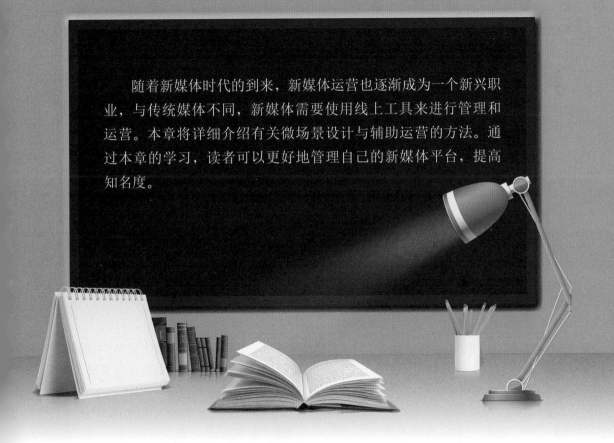

　　随着新媒体时代的到来，新媒体运营也逐渐成为一个新兴职业，与传统媒体不同，新媒体需要使用线上工具来进行管理和运营。本章将详细介绍有关微场景设计与辅助运营的方法。通过本章的学习，读者可以更好地管理自己的新媒体平台，提高知名度。

6.1 新媒体平台管理工具——有专助手

有专助手是一款功能强大的自媒体运营辅助软件，该软件支持微信、微信公众号、今日头条、头条号、百家号、企鹅号等主流自媒体平台，具有一站式生成自媒体内容的能力，让运营更便捷。本节将详细介绍有专助手的相关知识。

6.1.1 多平台账号管理

安装好有专助手并打开软件，单击右上角的【登录】按钮，在弹出的【用户登录】对话框中输入自己的账号，没有账号的情况下先单击【注册账号】按钮进行注册，如图6-1所示。登录完成后，可以使用插件对各种新媒体平台进行辅助运营，包括【工作台】、【账号】、【发文章】、【发视频】、【爆文中心】和【团队】等板块，如图6-2所示。

图 6-1   图 6-2

选择【账号】板块，单击左上角的【添加账号】按钮，如图6-3所示，会出现各种新媒体平台，如微信公众号、今日头条、百家号、哔哩哔哩、抖音等，如图6-4所示。单击需要登录的平台，即可登录对应平台的账号。

登录多个平台的账号后，各个账号会显示在【我的账号】中，如图6-5所示。单击【账号分组】按钮，此时列表会变换为排序页，通过上移或下移账号可以更改排序位置；单击左下方的【添加分组】按钮，可以建立分组以对同类型账号进行归类管理；单击【分组排序】按钮，可以对分组进行排序，如图6-6所示。完成后单击【关闭】按钮完成排序。

如果发现某些账号不再需要使用，可以选中该账号，再单击【删除账号】按钮，如图6-7所示，将账号从列表中删除。

图 6-3　　　　　　　　　　　　　　　图 6-4

图 6-5　　　　　　　　　　　　　　　图 6-6

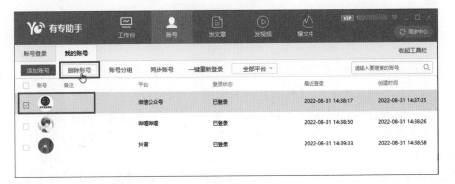

图 6-7

6.1.2　爆文中心

　　有专助手的【爆文中心】采集了各大主流平台的热点内容，并且实时进行动态更新。打

179

开有专助手后，单击【爆文中心】按钮，即可跳转至【爆文中心】板块，板块中包含了【文章】、【视频】、【热点聚合】、【微信热文】、【我的收藏】和【深度搜索】等类别，如图6-8所示。

图6-8

用户可以自定义搜索的类型，如图6-9所示，在【深度搜索】的搜索栏中输入关键词，然后单击【搜索】按钮，可在不同的平台查找相关的内容。

图6-9

在搜索视频类相关内容时，用户可以精准定位类型到【视频】类型，有专助手提供了【百度】、【爱奇艺】、【优酷】、【腾讯】等多个视频平台方便用户搜索，如图6-10所示。在搜索自媒体类相关内容时可以定位到【自媒体】类型，其中提供了【今日头条】、【新浪微博】、【微信】等多个自媒体平台方便用户搜索，如图6-11所示。除此之外，还有【综合】、【知识】、【图片】、【云盘】、【实用】、【问答】等多个不同方向的内容供用户查找。

在【文章】中，集结了来自【今日头条】、【百家号】、UC、【企鹅号】等多个平台【电影】、【社会】、【科学】、【科技】等多个领域的不同文章内容，用户可以在这里查看文章发布的作者、时间、阅读量、评论等信息，单击【收藏】按钮，即可将喜欢的文章收藏至【我的收藏】中。用户还可以自定义关键词搜索文章，通过筛选功能浏览筛选区间内的内容，如图6-12所示。在【视频】中，集结了【今日头条】、【QQ看点】、【网易号】等平台，包括【影视】、【生活】、【美食】等领域的不同视频内容，用户可以在这里查看视频发布的作者、时间、播放量、时长等信息，如图 6-13 所示。在【热点聚合】中，用户可以看到微博热门话题及百度不同领域的实时热点。

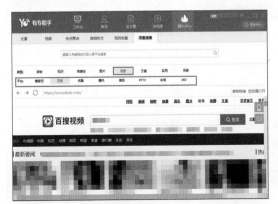

图 6-10

图 6-11

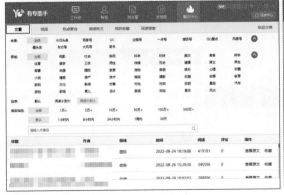

图 6-12

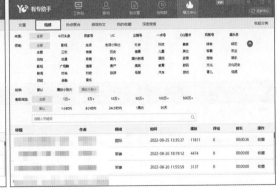

图 6-13

6.1.3　发布文章

单击【发文章】按钮，进入【发文章】页面，页面中包含新建图文、文章原创检测、文章导入、默认分类设置等基本设置，在完成图文内容和其他基本设置后，单击【发布平台管理】按钮，如图 6-14 所示。在弹出的对话框中，用户可以自行选择将文章发布在哪些平台，如图 6-15 所示。设置完成后单击【发文章】页面底部的【发布】按钮即可一键发布。

6.1.4　发布视频

单击【发视频】按钮，进入【发视频】页面，页面中包含新建视频、深度搜索、默认分类设置和清空常用标签等基本设置，在编辑好内容及完成基本设置后，单击【发布平台管理】按钮，如图 6-16 所示。在弹出的对话框中，用户可以自行选择将视频发布在哪些平台，如

181

图 6-17 所示。设置完成后单击【发视频】页面底部的【发布】按钮即可一键发布。

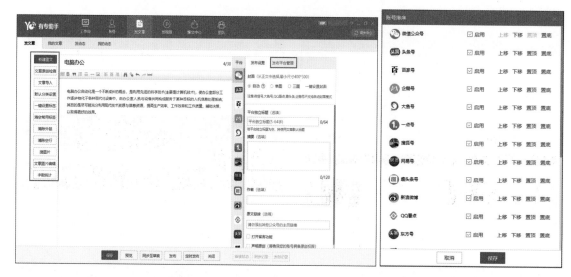

图 6-14   图 6-15

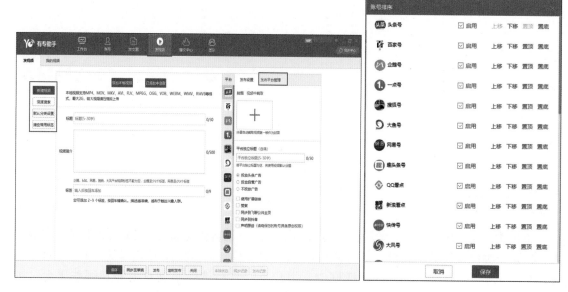

图 6-16   图 6-17

6.1.5　一键发布动态

　　有专助手还支持一键发布动态到微博、头条号、百家号等平台，并且在后续版本中还会兼容更多的平台。在编辑完内容后单击【发布】按钮，将需要同步发送的平台选中即可一键发布动态。

　　单击【工作台】按钮，在【功能大全】区域中单击【发动态】按钮，如图6-18所示。跳转至【发动态】页面，发布过程需要两步：第1步是编辑动态内容，用户在新建动态文本输入框中输入文字内容；第2步是单击⊞按钮为文字配上相应的图片，如图6-19所示。

图6-18　　　　　　　　　　　　　　　　　　　　　　　图6-19

　　内容编辑完成后单击底部的【发布】按钮，打开【选择账号】对话框，将需要同步发布的平台选中，然后单击【发布】按钮，如图6-20所示，软件会开始动态同步任务，如图6-21所示。

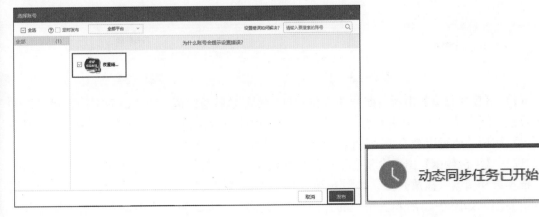

图6-20　　　　　　　　　　　　　　　　　　　　　　　图6-21

　　当对动态进行同步或发布操作后，可以单击【我的动态】按钮，进入【我的动态】页面，查看动态发布记录。对于具有审核机制的平台，可以通过审核结果来查看文章是否审核通过，如图6-22所示。出现账号状态异常情况可能是未达到该平台的发布要求，如未实名认证、未验证手机号等。

图 6-22

6.1.6 其他功能

在工作台中打开微信公众号管理后台，使用软件提供的运营工具，可以更加方便微信公众号的管理。下面介绍一些常用的扩展功能。

1. 数据分析

单击【工作台】按钮，再单击【更多明细】按钮，如图 6-23 所示，进入数据分析界面，在工具栏中为用户提供了数据总览、平台数据、账号数据和内容数据等，如图 6-24 所示。

图 6-23

图 6-24

（1）【数据总览】由所有账号总收益和单个账号总收益组成，下方的数据图表可以详细查看收益、阅读量、播放量和粉丝数，以及昨日的对比与变化趋势，单击【全部分组】或【全部平台】按钮，还可以查看该范围内所属账号的情况，如图 6-25 所示。

（2）【平台数据】由各个发布平台的数据组成，下方的图表可以看到各个平台带来的收益、推荐量和阅读（播放）量，如图 6-26 所示。单击【详情】按钮，即会跳转至该平台数据的详情界面，如图 6-27 所示。用户的查询周期最多为 90 天，90 天以内的详细数据均可以查看，可根据自身需求自由调整。单击右上角的【查看报表】按钮，会跳转至查询周期内详细的收益、推荐量和阅读量数据报表界面。

（3）【账号数据】由各个平台账号的数据组成，用户可以在这里查看账号的总数量，以及各个账号的收益、推荐量和阅读（播放）量，如图 6-28 所示。单击【详情】按钮，会跳转至该平台账号的详细数据界面，可以在这里查看账号发布的类型、发布时间和具体内容，如图 6-29 所示。

图 6-25

图 6-26

图 6-27

图 6-28

图 6-29

（4）【内容数据】由内容发布的平台、标题和类型组成，可以查看发布内容在发布平台的推荐量、阅读量、评论数、分享量、收藏量和点赞数的具体情况。内容数据的查询周期最长为 30 天，如图 6-30 所示。

图 6-30

2. 导出数据

有专助手提供了导出数据的功能，用户可以按需要导出相应时间段的数据表格，用于线下数据分析。导出数据的方法有两种。第 1 种是从工作台进入数据分析界面，在每一类数据的右上方均有一个【导出数据】按钮，如图 6-31 所示。设置好需要导出的数据范围后单击【导出数据】按钮，会打开【另存为】对话框，文件名为自动生成的导出数据时的具体时间，如图 6-32 所示。

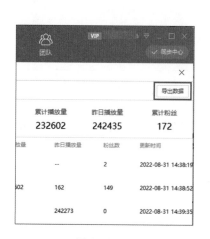

图 6-31

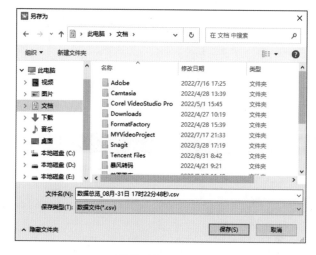

图 6-32

导出后的文件为 ".csv" 格式的表格，打开后各项具体数据会以表格的形式显示出来，如图 6-33 所示。

这里以微信公众号为例介绍第 2 种导出数据的方法。在有专助手首页中单击【账号】按钮，再单击微信账号进入微信公众号管理界面，单击【数据】→【内容分析】按钮，如图 6-34 所示。

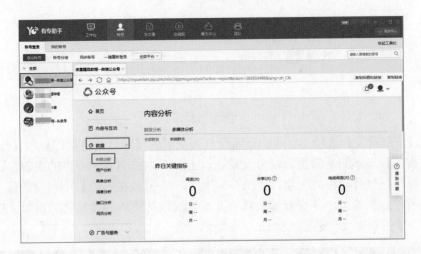

	A	B	C	D	E	F	G	H	I	J
1	账号	平台	总收益	昨日收益	总阅读量	昨日阅读量	总播放量	昨日播放量	粉丝数	更新时间
2		微信公众号	--	--	--	--			2	2022/8/31 14:38
3		哔哩哔哩	58.71	0	209	0	232602	162	149	2022/8/31 14:38
4		抖音	--	--			242273	0		2022/8/31 14:38
5		头条号	0	0	3233	6	--	--	21	2022/8/31 16:33
6										
7										
8										
9										

数据总览_08月-31日 17时22分48秒

图 6-33

执行上述操作后，进入【内容分析】界面，该界面将文章数据分为【群发分析】和【多媒体分析】两个部分。选择【群发分析】后，在【单篇群发】选项卡中单击右侧的【下载数据明细】按钮，如图 6-35 所示。

图 6-35

单击【日历】按钮，弹出日期选择界面，设置开始时间和结束时间，如图6-36所示。选择导出的时间后，即可生成数据文档。

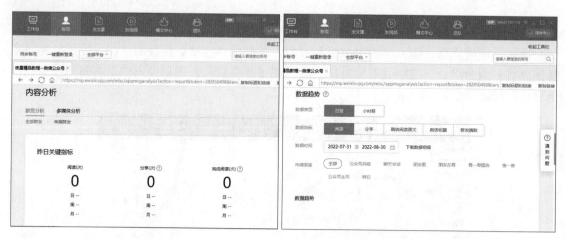

图6-36

切换到【全部群发】选项卡，可以查看微信公众号的【昨日关键指标】和【数据趋势】。【昨日关键指标】显示的是微信公众号文章在过去一天内被阅读和分享的次数，还会显示平均一天、一周和一个月的相关次数，如图6-37所示；在【数据趋势】中可以选择【日报】、【小时报】两种数据类型，并查看阅读量、分享的次数、跳转阅读原文的次数、微信收藏的次数和群发篇数的数据变化趋势，如图6-38所示。

图6-37   图6-38

在【多媒体分析】部分可以查看公众号的【昨日关键数据】和【数据明细分析】。【昨日关键数据】显示的是视频或音频在过去一天内被播放和分享的次数，还会显示平均一天、一周和一个月的相关次数，如图6-39所示；在【数据明细分析】中可以选择【视频播放】和【视频分享】两种数据指标，并查看公众号消息、好友转发、朋友圈、公众号主页等传播渠道的数据变化趋势，如图6-40所示。

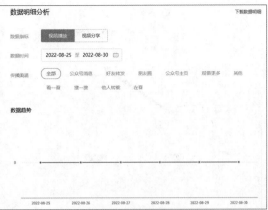

图 6-39　　　　　　　　　　　　　　图 6-40

3. 回复粉丝消息

有专助手可以在微信公众号后台通过聊天窗口的形式回复粉丝的消息，且最多可查看近 5 天的消息，还可以查看历史聊天记录。单击【账号】按钮，再单击微信公众号账号，如图 6-41 所示，进入微信公众号管理界面，在界面中单击【内容与互动】→【私信】按钮，如图 6-42 所示，即可进入【私信】界面。

图 6-41　　　　　　　　　　　　　　图 6-42

在【私信】界面中会显示粉丝消息列表，单击列表中需要回复消息的粉丝的名字，即可进入消息回复界面，如图 6-43 所示。回复了消息后，会在列表中显示"已回复"字样，如图 6-44 所示。这样可以快速找到未被回复的粉丝，提高回复效率。

图 6-43   图 6-44

6.2 新媒体数据服务工具——新榜

新榜是一个用于发布新媒体平台运营数据和榜单的平台，它发挥着行业枢纽的作用，平台综合评估微信、微博以及其他移动互联网渠道的新媒体运营情况，连接线上线下的资源，提供内容营销、电商导购、用户运营、版权分发等服务。通过新榜平台，用户能够了解新媒体平台的整体发展情况。本节将详细介绍新榜的数据分析功能。

6.2.1 数据功能介绍

使用浏览器搜索"新榜"并进入其首页，在使用新榜之前先单击右上角的【登录/注册】按钮，如图 6-45 所示，登录微信账号。

图 6-45

新榜提供了十分实用的线上数据功能，打开网页导航栏中的【数据服务】菜单列表，单击【有数－线上数据工具】按钮，如图 6-46 所示。

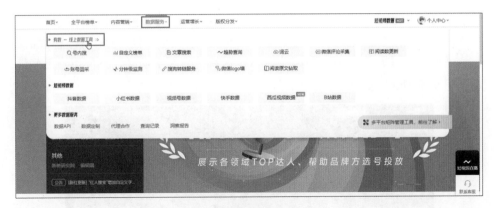

图 6-46

打开【新榜有数】页面，单击【产品】下拉按钮，用户在这里可以查看所有数据工具，如图 6-47 所示。

图 6-47

6.2.2　抖音数据

新抖是新榜旗下的抖音全场景人工智能数据工具，可以提供创意素材，查看抖音号排行、电商带货、下载运营等数据。单击新榜顶部导航栏中的【数据服务】按钮，在其菜单列表中单击【抖音数据】按钮，如图 6-48 所示。

图 6-48

在登录了账号的情况下，页面即可跳转至【新抖】首页。【新抖】首页的左侧为功能列表，主要包括【抖音号】、【短视频】、【直播】、【商品】、【小店推广】、【品牌营销】、【探店打卡】和【监测工具】等选项；右侧的页面显示新抖的新增功能，方便用户更好地运营抖音账号，如图 6-49 所示。

图 6-49

展开页面左侧的【抖音号】下拉列表，可以选择【抖音号搜索】、【地域找号】、【账号排行】、【账号大盘】等功能，如图 6-50 所示，搜索并查看抖音平台的热门账号。单击【抖音号搜索】按钮，进入对应页面，如图 6-51 所示，可以搜索任意类型的抖音号。进入想要查看的抖音号，可以浏览该抖音号的相关数据，包括综合实力、粉丝数、获赞数和作品数。

图 6-50

图 6-51

知识拓展

如果想要查找某个地区的抖音账号，可以单击【地域找号】按钮，选择某个特定的城市，查看当地的热门账号；如果想要查看抖音平台中的热门账号排名情况，可以单击【账号排行】按钮，选择不同类型的抖音号排行。

6.2.3　获取数据

如何收集数据是所有运营者需要思考的一个问题，对于大多数的运营者来说，主要的数据来源就是平台的一系列数据。新榜提供了一些获取数据的工具。下面分别予以详细介绍【微信评论采集】和【阅读数更新】工具。

1. 微信评论采集

新榜可以采集指定微信文章的评论数据，全面了解微信公众号运营者与用户的交流情况。单击新榜顶部导航栏中的【数据服务】按钮，在其菜单列表中单击【微信评论采集】按钮，如图 6-52 所示。

图 6-52

进入【微信评论采集】页面，如图 6-53 所示。在页面中输入需要查询的微信文章链接，然后单击【搜索】按钮，即可采集评论数据。数据的采集需要花费一定的时间，采集完成后，单击页面中的【历史记录】按钮，查看采集结果。

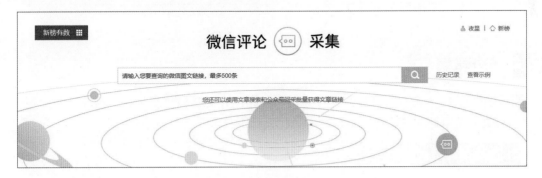

图 6-53

2. 阅读数更新

新榜还可以获取指定微信文章的最新阅读数和点赞数，对文章的传播效果进行跟踪评估。单击新榜顶部导航栏中的【数据服务】按钮，在其菜单列表中单击【阅读数更新】按钮，如图 6-54 所示。

图 6-54

进入【阅读数更新】页面，如图 6-55 所示，在页面中输入需要查询的微信文章链接，单击【搜索】按钮，即可查看最新的阅读数。稍等一段时间，单击页面中的【历史记录】按钮，可以查看更新结果。

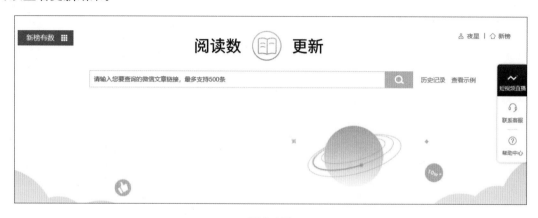

图 6-55

6.2.4 分析数据

除了获取数据，还需要对数据进行分析和对比，分析其趋势变化。下面详细介绍新榜中常用的【文章搜索】和【趋势查询】两种数据分析工具。

1. 文章搜索

新榜可以帮助微信公众号运营者找到好的文章素材并跟踪热点。单击新榜顶部导航栏中的【数据服务】按钮，在其菜单列表中单击【文章搜索】按钮，如图 6-56 所示。

进入【文章搜索】页面，如图 6-57 所示，在文章搜索栏输入文章关键词，再单击【搜索】按钮，打开搜索结果页面。

在【文章搜索】页面中会对与关键词相关的微信公众号的发布情况进行实时检索，可以依据发布时间或依据内容所属的类别对搜索结果进行筛选，还可依据阅读数、点赞数、发布时间及权重等方式进行降序排列。按照默认参数搜索时，搜索结果为一周内图文（包括标题）中含有该搜索条件的全部内容，搜索结果按照阅读数降序排列，如图 6-58 所示。

图 6-56

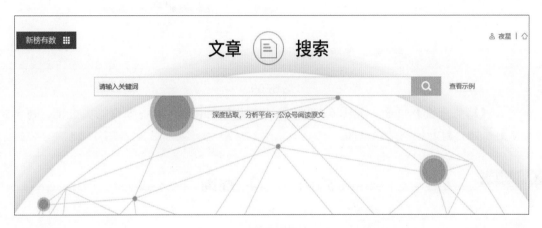

图 6-57

图 6-58

2. 趋势查询

新榜可以监测全部微信公众号的历史数据，使用新榜的【趋势查询】功能进行数据分析，了解指定时间段内某个品牌在微信中的热度变化和几个不同品牌在指定时间段内的热度变化对比。单击新榜顶部导航栏中的【数据服务】按钮，在其菜单列表中单击【趋势查询】按钮，如图 6-59 所示。

图 6-59

进入【趋势查询】页面，如图 6-60 所示，在搜索栏中输入准备查询的关键词，再单击【搜索】按钮，打开搜索结果页面。

图 6-60

【趋势查询】页面的趋势图能够清晰地呈现出指定关键词在某一时段内阅读总量的变化趋势。在趋势图中以日为单位汇总了阅读数、文章总篇数、原创文章篇数等数据，单击时间段对应的圆点，会显示当日阅读数最高的 3 篇文章标题，在页面下方的【阅读数趋势】列表中展示了该时间段内阅读数最高的 4 篇文章，如图 6-61 所示。

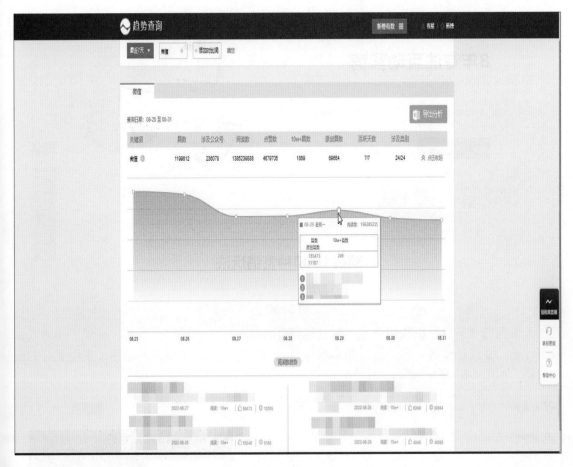

图 6-61

6.3 互动营销工具

随着智能手机的普及和社会的发展，自媒体也飞速发展，在对信息进行传播时，经常会用到互动营销工具对信息进行加工、编辑。本节详细介绍人人秀以及腾讯问卷的相关使用方法。

6.3.1 互动营销新玩法——人人秀

人人秀可以帮助用户制作各种 H5 页面、微场景、创意海报、微杂志、微信邀请函、场景应用、微信贺卡，即使是不懂设计、不会编程的新手，也可以快速上手。人人秀的官方首页如图 6-62 所示。

图 6-62

人人秀的【产品】板块提供了多种营销插件，如问卷、小程序、海报、画册、小游戏、投票评选、在线抽奖等，用户通过简单的拖曳操作，即可轻松调用这些插件，实现更好的营销功能，如图 6-63 所示。

图 6-63

在【模板中心】页面中，人人秀按照活动功能、在线招聘、电商营销、总结汇报、通知公告等进行了详细的分类。导航功能全面、清晰，而且支持自由搜索功能，如图 6-64 所示；

同时，针对新用户和企业会员等不同层次的用户，还提供了相关的福利，极大地增强了对用户的吸引力。

图 6-64

在【用户案例】板块中，列出了很多互联网、教育、银行金融、政府、房地产、传媒等不同行业的优秀企业的 H5 营销方案，如链家、新东方、中国邮政等企业的 H5 营销案例，帮助用户更好地了解和学习这些企业的营销特色，如图 6-65 所示。

图 6-65

另外，人人秀的【解决方案】板块为用户带来了一站式的解决方案服务，主要服务项目如图 6-66 所示。

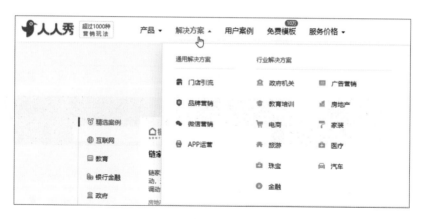

图 6-66

　　H5 具有跨平台、互动性强和视觉效果佳等优势，能吸引用户查看内容，参与互动，以达到活动目的。人人秀是常用的 H5 制作工具，其操作简单，素材丰富，能够满足不同行业的使用场景。下面详细介绍使用人人秀制作一个互动 H5 小程序的操作方法。

Step 01 打开【模板中心】页面，在左侧选择准备制作的 H5 模板类型，这里选择【互动模板】，如图 6-67 所示。

图 6-67

Step 02 进入该类型的模板页面，用户可以单击【创建空白活动】按钮，自定义创建一个 H5，也可以单击模板页面中所提供的模板，这里选择第一个模板，如图 6-68 所示。

图 6-68

Step 03 进入相应的模板页面，单击【发布活动】按钮，如图 6-69 所示。

图 6-69

Step 04 进入该模板的制作页面，用户可以在这里进行基本设置、题目设置、高级设置、样式设置以及分享设置，设置完成后单击右下角的【确定】按钮，如图 6-70 所示。

Step 05 在人人秀平台发布作品成功后，系统会自动跳转至分享推广界面，用户可以选择【H5分享】或者【小程序分享】。同时系统会提供为作品打分的功能，人人秀系统会从作品丰富度、功能丰富度、作品安全性、浏览流畅度、版权完整度等多个方面对发布的作品进行综合测评，帮助营销人员更好地修改和完善作品，如图 6-71 所示。

图 6-70

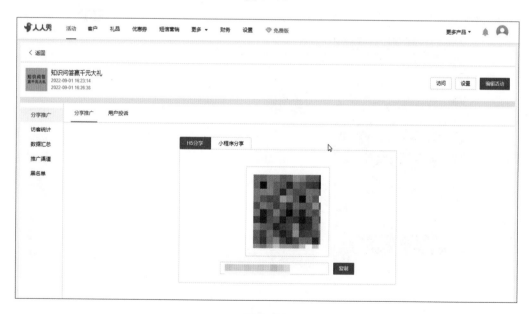

图 6-71

6.3.2 数据表单制作工具——腾讯问卷

腾讯问卷是腾讯公司推出的免费、专业的问卷调查系统。它提供多种方式创建问卷，具

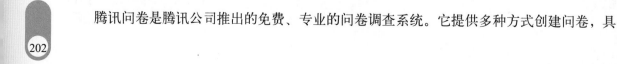

有简单高效的编辑方式、强大的逻辑设置功能、专业的数据统计和样本甄别功能，可以让用户轻松开展调研工作。

腾讯问卷支持自由创建、导入试卷及使用模板创建测试题。跨终端平台通用，可在 PC、手机、平板等智能设备自适应呈现。腾讯问卷的官方首页如图 6-72 所示。

图 6-72

单击【免费使用】按钮后，会进入登录页面，用户可以通过扫码登录或手机登录，如图 6-73 所示。

图 6-73

成功登录后，即可进入新建问卷页面，用户可以单击【新建问卷】按钮、【通过模板创建】按钮以及【通过 Excel 导入】按钮创建问卷，这里单击【通过模板创建】按钮，如图 6-74 所示。

系统会弹出【请选择模板】对话框，在【模板概览】区域中用户可以选择下方的模板类型，也可以在搜索栏中输入关键词搜索模板，这里选择【满意度调查】模板，如图 6-75 所示。

图 6-74

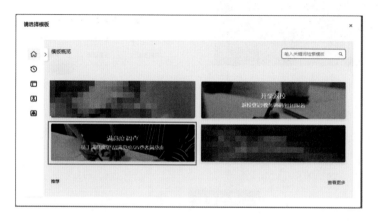

图 6-75

弹出【请选择模板】对话框，显示出该模板类型中的所有模板，将鼠标指针移动到准备应用的模板上方，然后单击【使用】按钮，如图 6-76 所示。

图 6-76

进入该模板的编辑页面，用户可以在这里详细地设置题目，在左侧工具栏中用户还可以通过大纲、题型、题库等功能查看需要的资料，如图 6-77 所示。

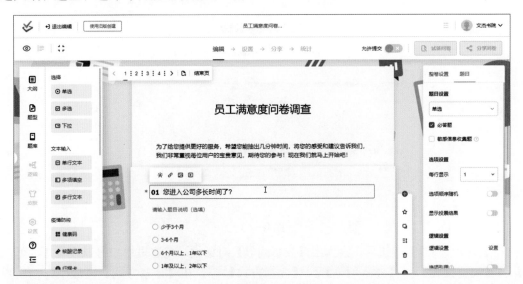

图 6-77

完成编辑问卷题目后，用户可以单击右上角的【试答问卷】或【分享问卷】按钮，如图 6-78 所示。

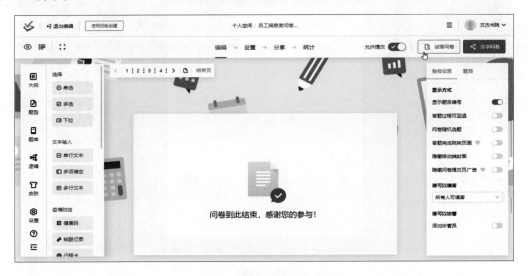

图 6-78

单击【试答问卷】按钮后，会打开试卷问答页面，用户可以在这里预览查看编辑的问卷题目，也可以在该页面进行试卷问答，但是提交的数据不计入真实的回收数据，如图 6-79 所示。

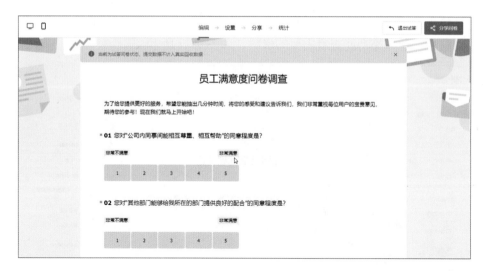

图 6-79

单击【分享问卷】按钮后，会弹出【分享问卷】对话框，在这里用户可以设置【谁可以填答】、【快捷设置】、【分享预览】、【分享方式】等。在【分享方式】区域下方，用户可以选择【复制链接】、【二维码】、【微信】、QQ、【微博】等多种方式分享制作好的问卷，如图 6-80 所示。

图 6-80